Kohlhammer

Die Autorin

Ulrike Juchmann ist Diplom-Psychologin und arbeitet als Psychologische Psychotherapeutin, systemische Lehrtherapeutin, Verhaltenstherapeutin, MBCT- und MBSR-Lehrerin in eigener Praxis. Sie leitet die Akademie für Achtsamkeit in Berlin und bietet Einzeltrainings, Kurse und Seminare an. An der Psychologischen Hochschule Berlin und der Berliner Akademie für Psychotherapie ist sie als Dozentin, Supervisorin und Selbsterfahrungsanleiterin tätig.

Ulrike Juchmann

Selbstfürsorge in helfenden Berufen

Wie Achtsamkeit im Arbeitsalltag gelingt

Verlag W. Kohlhammer

Dieses Werk einschließlich aller seiner Teile ist urheberrechtlich geschützt. Jede Verwendung außerhalb der engen Grenzen des Urheberrechts ist ohne Zustimmung des Verlags unzulässig und strafbar. Das gilt insbesondere für Vervielfältigungen, Übersetzungen und für die Einspeicherung und Verarbeitung in elektronischen Systemen.

Die Wiedergabe von Warenbezeichnungen, Handelsnamen und sonstigen Kennzeichen berechtigt nicht zu der Annahme, dass diese frei benutzt werden dürfen. Vielmehr kann es sich auch dann um eingetragene Warenzeichen oder sonstige geschützte Kennzeichen handeln, wenn sie nicht eigens als solche gekennzeichnet sind.

Es konnten nicht alle Rechtsinhaber von Abbildungen ermittelt werden. Sollte dem Verlag gegenüber der Nachweis der Rechtsinhaberschaft geführt werden, wird das branchenübliche Honorar nachträglich gezahlt.

Dieses Werk enthält Hinweise/Links zu externen Websites Dritter, auf deren Inhalt der Verlag keinen Einfluss hat und die der Haftung der jeweiligen Seitenanbieter oder -betreiber unterliegen. Zum Zeitpunkt der Verlinkung wurden die externen Websites auf mögliche Rechtsverstöße überprüft und dabei keine Rechtsverletzung festgestellt. Ohne konkrete Hinweise auf eine solche Rechtsverletzung ist eine permanente inhaltliche Kontrolle der verlinkten Seiten nicht zumutbar. Sollten jedoch Rechtsverletzungen bekannt werden, werden die betroffenen externen Links soweit möglich unverzüglich entfernt.

Illustrationen: Constanze Guhr
Autorenfoto: Max Schröder

1. Auflage 2022

Alle Rechte vorbehalten
© W. Kohlhammer GmbH, Stuttgart
Gesamtherstellung: W. Kohlhammer GmbH, Stuttgart

Print:
ISBN 978-3-17-039802-3

E-Book-Formate:
pdf: ISBN 978-3-17-039803-0
epub: ISBN 978-3-17-039804-7

Inhalt

Übersicht über das elektronische Zusatzmaterial 7

Vorwort 9

Dank 11

Die Segel setzen – ein Kompass für dieses Buch 12

1 **Selbstfürsorge – Grundlagen aus Theorie und Praxis** 17
   Auf sich achten und auf andere achten – ein mittlerer Weg 17
   Krise – eine Gelegenheit zu wachsen 18
   Der Fluss des Lebens – der Kohärenzsinn 20
   Die Bedeutung der Selbstfürsorge 21
   Selbstmitgefühl – der eigenen Verletzlichkeit liebevoll begegnen.... 28
   Die Kraft der Achtsamkeit 29
   Der Weg von emotionaler Ansteckung zu Empathie und Mitgefühl 43

2 **Die Kunst des Übens – an Hindernissen wachsen** 46
   Der Geist des Anfängers 46
   An Hindernissen wachsen – ohne Schlamm kein Lotos 54
   Das innere Übungsteam – Kritiker, Antreiber und Faulpelze 60

3 **Der Meditationskurs – Wege entstehen beim Gehen** 66
   Übungswoche 1 Im Körper zu Hause sein – ruhig und bewegt 70
   Übungswoche 2 Fokus finden – atmend und gehend 82
   Übungswoche 3 Offenes Gewahrsein – hörend und Gedanken
   beobachtend 90
   Übungswoche 4 Freundlichkeit mit sich selbst – die Mettameditation 98
   Übungswoche 5 Selbstmitgefühl – dem eigenen Schmerz liebevoll
   begegnen 105

4 **Selbstfürsorge und Fürsorge – Impulse für den Arbeitsalltag** ... 113
   Achtsamkeit im Arbeitsalltag 113
   Werte und Wertschätzung – den Kompass ausrichten 114
   Achtsame Zusammenarbeit – Führungskräfte, Teams und
   Institutionen 119
   Achtsamkeit in der helfenden Beziehung 122

Der Rhythmus macht's – das Zusammenspiel von Tun und Sein ... 124
Stabil bleiben im Sturm – Selbstfürsorge in Ausnahmesituationen .. 127
Auf zu neuen Ufern – Übergänge gestalten 131

Literatur **135**

Anhang **139**

Stichwortverzeichnis **145**

Zusatzmaterial zum Download **147**

Übersicht über das elektronische Zusatzmaterial

Den Weblink, unter dem die Zusatzmaterialien zum Download verfügbar sind, finden Sie am Ende des Buches.

Arbeitsblätter

- AB 1 Der Selbstfürsorgebaum
- AB 2 Die Selbstbeobachtung der Selbstfürsorge
- AB 3 Aufbau einer Meditationspraxis
- AB 4 Die Werte erkunden

Audiodateien

1. Die Einleitung
2. Das bewusste Innehalten
3. Das Erkunden von Geduld
4. Der Body Scan
5. Das achtsame Schütteln
6. Das Herz weiten
7. Den Atem erkunden
8. Die Fokussierung beim Atem
9. Die Gehmeditation
10. Das achtsame Hören

11. Die Gedanken beobachten
12. Zugänge zu Freundlichkeit
13. Die Mettameditation
14. Der Mitgefühl-Body-Scan
15. Das »Wohlwollende Wesen«

Vorwort

»Man kann mit anderen nur so gut befreundet sein wie mit sich selbst.« (Andreas Tenzer)

Sich um sich selbst zu kümmern, braucht Zeit und Raum. In diesem Buch werden Sie beides finden. Es entsteht der Raum, sich dem Thema Selbstfürsorge zuzuwenden und zu erforschen, was Ihnen guttut, was Sie stärkt und was Sie gesund erhält. Sie werden auch dem begegnen, was stresst, überfordert und schwächt. Und Sie nehmen sich Zeit zum Lesen und Reflektieren, für Selbstwahrnehmung und Meditationsübungen. Aber es ist manchmal gar nicht so einfach, sich selbst Zeit und Raum zu gönnen. Aber niemand sonst kann das für Sie tun. Als Menschen in helfenden Berufen sind wir oft sehr darin geübt, zu geben und für andere zu sorgen. Es besteht vielleicht sogar die Überzeugung, »Geben sei seliger als Nehmen«.

Seit mehr als 20 Jahren bin ich als Psychologin und Psychotherapeutin in unterschiedlichen Feldern tätig. Ich habe die Erfahrung gemacht, dass etwas zu geben, zutiefst beglückend und sinnstiftend sein kann. Das Helfen ist aber auch herausfordernd und konfrontiert mit den eigenen Grenzen. Als ich vor vielen Jahren in einem MBSR-Kurs (Mindfulness Based Stress Reduction: achtsamkeitsbasierte Stressbewältigung) mit regelmäßiger Meditation begann, habe ich nicht daran gedacht, Achtsamkeit zu unterrichten oder darüber zu schreiben. Ich wollte es für mich lernen und erfahren. Damals arbeitete ich in der stationären Jugendhilfe mit dem Thema Essstörungen, ein für mich gleichermaßen spannendes wie auch anstrengendes Feld (Juchmann, 2012). Als leitende Psychologin trug ich viel Verantwortung, ich engagierte mich für das Thema und wusste es zu schätzen, viel bewirken und gestalten zu können.

Die Meditation eröffnete mir einen Raum, in dem ich mich nicht um andere kümmern musste, sondern den Blick nach innen richten konnte. Ich lernte, mir täglich Zeit zu nehmen, um zur Ruhe zu kommen, mich wahrzunehmen und meine Bedürfnisse zu erkennen. Es machte mir einfach von Anfang an Spaß. Ich war neugierig, Meditation zu lernen, meinen Geist zu beobachten und das Zusammenspiel von Fühlen, Spüren und Denken besser zu verstehen. Das gegenwärtige, unmittelbare Erleben erlaubt, loszulassen und einfach da zu sein. Psychotherapie ist ein sehr sprachgebundener Beruf. Meditation gewährt einen Raum jenseits von Sprache. Ich begann, zu mehrtägigen Schweigeseminaren, sogenannten Retreats, zu fahren. Dort tauchte ich länger in die Stille ein. Das gab mir viel Energie und wirkte regenerierend. Ich kehrte gestärkt in den Alltag zurück. Zu Beginn meines Weges mit Achtsamkeit und Meditation hatte ich die Idee, einem Ideal näher kommen zu wollen. Ich sehnte mich danach, ruhiger und ausgeglichener zu werden. Aber von meinem Wesen her bin ich eher emotional, schnell und expressiv. Erst allmählich lernte ich, dass Achtsamkeit und Meditation ermöglichen, mit dem zu sein, was ist und sich selbst anzunehmen und zu akzeptieren. Ich kam in Kontakt mit Seiten, die ich nicht an mir mochte, ablehnte, kam in Verbindung mit Schmerz, Traurigkeit und Überforderung. Und ich entdeckte Kraft, Freude und tiefe Ruhe in mir. Meditation heißt, sich selbst zu erforschen, sich kennenzulernen und sich mehr anzunehmen. Dies führt uns jenseits von Selbstoptimierung hin zu einer liebevollen Beziehung mit uns selbst. Achtsamkeit und Meditation ermöglichen es, uns wohlwollend und offen zu begegnen. Wir schließen Freundschaft mit uns selbst. Dabei entdecken wir auch eigene Verletzungen und Schmerz. Es entsteht die Chance, durch Meditation zu erfahren, was uns körperlich und psychisch weh tut und leidvoll ist. Wir können erkennen, was den Schmerz auslöst, aufrechterhält und vergrößert. Wir lernen, uns dem Herausfordernden auf eine bewusste Art und Weise zuzuwenden und müssen das Schwierige weder wegdrängen noch dramatisieren. Die freundliche Akzeptanz ermöglicht Veränderungen, lässt uns Grenzen setzen und heilsames Handeln wählen. Dies ist essenziell, um auch anderen Menschen in leidvollen Zeiten zu begegnen und zu helfen, ohne selbst auszubrennen. Wir finden durch meditatives Innehalten Ruhe, Kraft und Lebendigkeit.

Es ist sinnvoll, die Segel zu setzen für die eigene Selbstfürsorge. Achtsamkeit und Meditation können kraftvolle Mittel sein, mit herausforderndem Wetter, Wind und Wellen geschickt umzugehen und immer wieder sicher im Hafen anzukommen. Die aktuelle Situation der Coronapandemie legt es uns sehr deutlich ans Herz: Lasst uns die Menschen in helfenden Berufen, die Beziehungsakrobaten, wertschätzen, unterstützen und entlasten.

Dank

Dieses Buch ist durch das Zusammenwirken vieler Personen möglich geworden. Zunächst möchte ich Frau Annika Grupp vom Kohlhammer Verlag danken, dass sie die Kooperation so einladend initiiert hat. Kathrin Kastl hat mich als Lektorin bei der Entstehung des Buches mit Fachkompetenz, Freundlichkeit und Vertrauen unterstützt. Der Illustratorin Constanze Guhr danke ich für die schönen Abbildungen und Zeichnungen. Paula Maschke möchte ich für die Unterstützung beim Sichten von Forschungsstudien und dem Erstellen des Literaturverzeichnisses danken. Marie Mannschatz hat mich als erfahrene Meditationslehrerin liebevoll und weise beim Erkunden von Selbstfürsorge und Achtsamkeit begleitet. Von Herzen danke ich auch Dagmar Eckers, die mich seit mehr als zwanzig Jahren supervisorisch mit Humor, Kreativität und einem unglaublichen Erfahrungsschatz unterstützt. Vielen Dank auch an die Arbeitsgruppe »Gesundheit« des MBSR-MBCT Verbandes Deutschland. Unser spontanes Brainstorming zu der Frage »Was ist Gesundheit für dich?« machte deutlich, wie viel entsteht, wenn wir uns austauschen und Ideen zusammen tragen. Marisa Przyrembel ermöglichte es, mich mit Studierenden aus Pflegeberufen über Selbstfürsorge auszutauschen. Vielen Dank auch an meine Freundin Ilona Senderowicz für unsere Gespräche über Somatic Experience. Sie förderte meine Selbstfürsorge durch die Idee, an GAGA-Workshops (ein von Ohad Naharin entwickeltes Tänzertraining) online teilzunehmen. Das Tanzen hat mich sehr gestärkt, wenn ich zu lange am Schreibtisch saß. Renate Wolf hat wertvolle Übungsideen, die bei Trauma und starken Belastungen helfen, beigesteuert.

Meinem Mann Matthias Herrschuh danke ich für seine liebevolle Unterstützung. Er liest immer wieder erste Entwürfe und lässt mir Raum und Zeit für das Schreiben, weil er weiß, wie erfüllend und sinnstiftend es für mich ist. Danke!

Es ist wünschenswert, dass sich die Bedingungen in Heilberufen für alle Menschen verbessern. Noch sind es die Frauen, die hier die Hauptlast tragen. Ihnen gebührt mein Dank und meine besondere Wertschätzung. Noch dringender als unterstützende Worte braucht es ein beherztes Handeln, damit sich die Bedingungen in helfenden Berufsfeldern strukturell und personell nachhaltig positiv entwickeln.

Berlin, im Februar 2022
Ulrike Juchmann

Die Segel setzen – ein Kompass für dieses Buch

»Wir können den Wind nicht ändern, aber die Segel anders setzen.« (Aristoteles)

Das vorliegende Buch wendet sich an Menschen, die in Pflege, Therapie und Medizin, Unterricht, Pädagogik, Sozialarbeit oder in Entwicklungshilfeprojekten tätig sind. Die hier vermittelten theoretischen und praktischen Anregungen können aber auch in den Berufsfeldern der Feuerwehr, Polizei und in der juristischen Begleitung hilfreich sein. Dabei möchte ich besonders Menschen, die Führungsverantwortung in sozialen und helfenden Organisationen tragen, darin bestärken, durch die eigene Selbstfürsorge ein inspirierendes Modell zu sein. Auch die vielen Menschen, die neben der beruflichen Tätigkeit noch kranke Angehörige pflegen, möchte ich erreichen. Ich würde mich außerdem freuen, wenn das Buch Eingang in die Aus- und Weiterbildung findet.

In all diesen Kontexten ist es herausfordernd, eine Balance zwischen den Erwartungen anderer und den eigenen Ansprüchen zu finden. Es gilt dabei die eigene Selbstfürsorge und Gesundheit wichtig zu nehmen. Achtsamkeitsbasierte Ansätze und Meditation stellen Methoden und innere Haltungen zur Verfügung, die eine bewusstere Selbstwahrnehmung ermöglichen. Sich zu spüren, Körperempfindungen, Gedanken und Gefühle wahrzunehmen und zu regulieren, ist grundlegend für eine gelingende Selbstfürsorge.

Was Sie in diesem Buch erwartet:

- eine erfahrungsbasierte Einführung in Achtsamkeit und Meditation,
- der Weg zu einer gelingenden und für Sie passenden Selbstfürsorge,
- ein fünfwöchiger, praxisnaher Achtsamkeitskurs mit begleitenden Handouts, Reflexionsübungen und Audiodateien und
- Ideen für die Fortsetzung der Übungspraxis und den Transfer in den Arbeitsalltag.

Kapitel 1 zeigt, wie eine Balance zwischen der Sorge um andere und der Selbstfürsorge gelingen kann. Helfende Berufe bringen besondere gesundheitliche Risiken mit sich. In einem Modell werden persönliche und institutionelle Faktoren zusammengefasst. Die Selbstfürsorge wird als Baum dargestellt, um den Entwicklungsprozess zu veranschaulichen. Es wird deutlich, dass für eine gelingende Selbstfürsorge die Reflexion der eigenen biografischen Wurzeln und der persönlichen Verletzlichkeit unerlässlich ist. Aber auch Ressourcen und nährende, haltgebende Beziehungserfahrungen wollen in den Blick genommen werden. Achtsamkeit ist eine menschliche Basiskompetenz, die oft nicht besonders geübt ist und somit etwas im Verborgenen liegt. Durch Meditation lässt sich Achtsamkeit kultivieren und systematisch stärken. Menschen lernen dabei, sich besser zu fokussieren, die Aufmerksamkeit gezielt auszurichten und auch innere Haltungen von Freundlichkeit und Wohlwollen einzuüben. Es haben sich spezifische Meditationsprogramme entwickelt, die bei Stress, Krebserkrankungen, Sucht und Depression wirken. Die achtsamkeitsbasierte Stressbewältigung (Mindfulness Based Stress Reduction, MBSR) ist als präventives Vorgehen im Gesundheitswesen etabliert. Besonders im Feld der Heilberufe ist MBSR vielfach erprobt und wissenschaftlich erforscht worden. MBCT (Mindfulness Based Cognitive Therapy) bietet für Menschen mit Depressionen und Ängsten eine Kombination aus Achtsamkeit und Verhaltenstherapie an. Auch das Trainieren von Mitgefühl ist für Menschen in helfenden Berufen unerlässlich. Es gilt, zwischen einer empathischen Einfühlung, die belasten kann, und einem positiven Mitgefühl unterscheiden zu lernen.

Kapitel 2 zeigt auf, wie Gewohnheitsumstellungen gelingen können. Das Trainieren von Selbstfürsorge braucht ein bewusstes Überprüfen alter Strategien. Dabei werden Einstellungen und Alltagsgewohnheiten reflektiert und neue Verhaltensweisen erprobt. Das Erlernen von Achtsamkeit und Meditation ist ein bewusster Lern- und Übungsweg, der eine klare Struktur und eine durchdachte Methodik erfordert. Wie bei jedem Lernprozess gibt es dabei auch Herausforderungen, die mit Geschick, Bewusstheit und Freundlichkeit gemeistert werden wollen. Das Konzept des inneren Teams ist hilfreich, um die persönliche innere Dynamik zu verstehen. Die verschiedenen Stimmen werden hörbar und können differenziert werden. Dabei wird deutlich, welche Botschaften die Selbstfürsorge erschweren oder boykottieren und welche sie unterstützen. Das Etablieren einer bewussten inneren Mitte ermöglicht die Moderation des inneren Chores. Persönlichkeitsanteile können so begrenzt, weiterentwickelt und ermutigt werden. Durch diese bewusste Selbstführung wird ein neues inneres Zusammenspiel im Sinne der Selbstfürsorge möglich. Auch die Kommunikation nach außen wird dadurch klarer und stimmiger.

Letztlich lässt sich die Wirkung von Achtsamkeit und Meditation nicht erlesen, sie will direkt erfahren werden. Deshalb bietet Ihnen das Kapitel 3 einen fünfwöchigen, strukturierten und praxisnahen Achtsamkeitskurs an. Das Training enthält theoretische Impulse, Selbstbeobachtungsaufgaben und Meditationen.

Audiodateien mit angeleiteten Meditationen begleiten Sie beim Üben. Dieses Icon weist auf die Audioaufnahmen hin.

Anregende Fragen und Schreibaufgaben helfen dabei, die eigene Selbstfürsorge bewusst zu reflektieren. Dieses Icon macht auf die Schreibübungen aufmerksam.

Zunächst stärken Sie in der ersten Woche durch den Body Scan und die achtsame Bewegung die Körperachtsamkeit. Sie lernen, die Empfindungen des Körpers zu spüren und sich mit dem Körper anzufreunden. Damit legen Sie die Basis für Ihre Selbstfürsorge. In der zweiten Übungswoche sammeln Sie Ihren Geist durch die Atemmeditation und die Gehmeditation. Die Fokussierung beruhigt den Geist, und Sie werden ausgeglichener. In Woche drei üben Sie sich durch das achtsame Hören und die Beobachtung der Gedanken in einer Erweiterung des Fokus. Das offene Gewahrsein lehrt Sie, allen Erfahrungen akzeptierend Raum zu geben. Damit lockern sich überstarke Identifikationen mit Gedanken und Gefühlen. In der vierten Trainingswoche lernen Sie die Mettameditation (Metta = liebende Güte, Freundlichkeit) kennen und gewinnen neue Zugänge zu Wohlwollen. Die achtsame Bewegung hilft, den Herzbereich zu spüren und zu weiten und bereitet auf die Mettameditation vor. Positive Emotionen, wie Dankbarkeit und Freude, werden kultiviert. In der fünften Übungswoche steht das Selbstmitgefühl im Zentrum. Sie lernen, sich und Ihrem Körper im mitfühlenden Body Scan eine liebevolle Aufmerksamkeit entgegenzubringen. Auch herausfordernden Erfahrungen von Erschöpfung und Schmerz begegnen Sie mit Freundlichkeit. Durch die Vorstellung eines wohlwollenden Wesens öffnen Sie sich dafür, Hilfreiches anzunehmen und sich stärken zu lassen. Nach dem fünfwöchigen Kurs gilt es, eine individuelle, für Sie passende Übungspraxis aufzubauen. Entscheidend für eine nachhaltige Wirkung ist die kontinuierliche, möglichst tägliche Fortsetzung des Übens.

Im Kapitel 4 werden Ideen aufgezeigt, wie Selbstfürsorge und Achtsamkeit direkt in den Arbeitsalltag integriert werden können. Persönliche Werte und Werte des Arbeitsbereichs werden erkundet und in Beziehung zueinander gesetzt. Die Klärung der eigenen Werteorientierung bahnt den Weg für ein stimmiges, beherztes Handeln. Dankbarkeit und Wertschätzung werden in ihrer Wirkung für Einzelpersonen und Teams genauer in den Blick genommen. So kann die Zusammenarbeit achtsamer gestaltet werden. Die Vorbildfunktion leitender Personen ist dabei zentral. Menschen in Leitungspositionen erhalten wichtige Impulse zur Entwicklung von Achtsamkeit und Selbstführung. Das Kultivieren von Bewusstheit nutzt auch der helfenden Beziehung. Helfende Personen lernen, präsenter im Kontakt zu sein. Sie müssen sich der eigenen Ressourcen genauso bewusst sein wie der eigenen Verletzlichkeit und der eigenen Grenzen. Es ist dabei bedeutsam, regelmäßig zu reflektieren, was das Gegenüber in ihnen auslöst. Damit können auch Grenzsetzungen ruhiger und klarer erfolgen. Die helfende Beziehung wird zu einem wechselseitigen, bereichernden Beziehungs- und Lerngeschehen.

Das Training von Achtsamkeit und Selbstfürsorge macht deutlich, wie wichtig Rhythmus und Balance für das eigene Wohlergehen sind. Pausen zu machen, will gelernt sein. Aktives, beherztes Tun und Muße gelangen in eine Balance und bereichern sich wechselseitig.

Menschen in helfenden Arbeitsfeldern sind oft mit Extremsituationen konfrontiert und unterstützen Personen, die traumatisiert sind. Dies birgt das Risiko einer sekundären Traumatisierung. Das Modell des Toleranzfensters ist hilfreich, um zu erkunden, wie der eigene Wohlfühlbereich aussieht und was an die Belastungsgrenzen führt. Kurze, wirksame Übungen zur Stabilisierung in Belastungssituationen werden vorgestellt. Sie helfen bei Zuständen von Übererregung und auch bei Erschöpfung und Taubheitsempfindungen.

Das Leben ist ein sich ständig wandelnder Erfahrungsfluss. Im beruflichen Bereich gibt es immer wieder Situationen, in denen Veränderungen gestaltet und gemeistert werden wollen. Das Bild der Übergangsbrücke hilft dabei, sich weiterzuentwickeln und Veränderungsschritte mutig anzugehen.

In helfenden Berufen sind überwiegend Frauen beschäftigt. Sie sind in den Arztpraxen mit einem Anteil von 98 % vertreten. Im Bereich der Gesundheits- und Krankenpflege, in der Geburtshilfe und im Rettungsdienst sind 79,7 % der Beschäftigten weiblich. In der Altenpflege beträgt der Frauenanteil 82,9 %, in der Human- und Zahnmedizin 53,5 % und in der nichtärztlichen Psychotherapie 80,5 %. Die Lehrtätigkeit an allgemeinbildenden Schulen wird zu 71,7 % von Frauen getragen (Bundesagentur für Arbeit, 2020).

Auch an meinen Kursen und Seminaren nehmen überwiegend Frauen teil. Viele Zitate und Beispiele in diesem Buch wurden von Frauen formuliert. Aus diesem Grund sind auf den Abbildungen des Buches auch überwiegend Frauen zu sehen. Dies ist als Wertschätzung gedacht. Und soll niemanden ausgrenzen.

Ich heiße alle Menschen, die sich für Selbstfürsorge interessieren, herzlich willkommen und wünsche Freude beim Lesen und Ausprobieren der Übungen!

1 Selbstfürsorge – Grundlagen aus Theorie und Praxis

Auf sich achten und auf andere achten – ein mittlerer Weg

> Ein Akrobat klettert eine Bambusstange hinauf und bittet seinen Lehrling: »Komm, mein Junge, klettere zu mir hoch und stell dich auf meine Schultern!« »Ja, Meister«, antwortete der Lehrling. Und … stellte sich auf die Schultern seines Meisters. Dann sprach der Meister: »Mein Junge, pass du gut auf mich auf, und ich werde gut auf dich aufpassen. Während wir uns so gegenseitig absichern und aufeinander achtgeben, werden wir unsere Kunststücke zeigen … und von der Bambusstange wieder heil herunterkommen.« Als er das hörte, sprach der Lehrling: »Nein, nein. Das wird nicht gehen, Meister! Gib auf dich acht, und ich werde auf mich achtgeben. Während so jeder auf sich achtgibt und sich absichert, werden wir unsere Kunststücke zeigen … und von der Bambusstange wieder heil herunterkommen.« »Dazwischen liegt der richtige Weg«, sagte der Erhabene »… Während man auf sich selbst achtgibt, …achtet man auf andere; während man auf andere achtgibt, achtet man auf sich selbst.« (Kornfield, 2010, S. 83)

Die vorangestellte Geschichte verweist auf den im Buddhismus so wichtigen mittleren Weg, der Extreme meidet und zu einer weisen, mitfühlenden Balance ermutigt. In einem helfenden Beruf zu arbeiten, fühlt sich immer wieder wie eine Akrobatiknummer an. Flexibilität, Geschick, Einfühlungsvermögen und auch die Risikobereitschaft der Bewegungskünstlerinnen sind dabei gefragt. Es ist unerlässlich, auf sich selbst aufzupassen, um das Gleichgewicht nicht zu verlieren. Wenn wir selbst ins Schwanken kommen, gefährden wir uns und andere. Gleichzeitig ist es in einem sozialen Arbeitsfeld wichtig, auf die zu achten, die sich uns anvertrauen, die unsere Hilfe brauchen. Die Klienten, Schülerinnen, Patientinnen sollen mitbestimmen und selbst Verantwortung übernehmen, soweit es ihnen möglich ist. Sie werden hoffentlich durch die Unterstützung gestärkt, ermutigt und gestalten den Prozess mit. Helfen und Hilfe annehmen ist ein Beziehungskunststück, eine menschliche Begegnung, die uns berühren und bereichern kann. Der wechselseitige Lern- und Reifungsprozess lässt alle Beteiligten wachsen. Die herausfordernde Kunst des Helfens muss in einer Ausbildung verwurzelt sein, die Selbstreflexion und Selbstfürsorge wichtig nimmt. Systemische, institutionelle Bedingungen für helfende Berufsgruppen sollten dabei genauso wie individuelle Aspekte berücksichtigt werden. Wichtige Kontextbedingungen sind Räume, in denen Menschen sich wohl fühlen können, Räume für Pausen, Gespräche und genügend Zeit für Präsenz, Zuhören und Kontakt. Es braucht eine gute personelle Besetzung und stärkende Formen des Zusammenarbeitens, gelingende Kommunikation und Wertschätzung, um mit Herausforderungen umgehen zu können und gesund zu bleiben.

1 Selbstfürsorge – Grundlagen aus Theorie und Praxis

Abb. 1.1: Helfen als Balanceakt

Krise – eine Gelegenheit zu wachsen

> »Das Wort Krise setzt sich im Chinesischen aus zwei Schriftzeichen zusammen – das eine bedeutet Gefahr und das andere Gelegenheit.« (John F. Kennedy)

Als Beziehungsakrobatin in einem Heilberuf kümmern wir uns um andere Menschen, die sich in Grenzsituationen oder Krisen befinden. Doch auch wir selbst sind der Gefahr ausgesetzt, die Balance zu verlieren und nicht zu wissen, wie wir eine neue

Stabilität wieder erlangen können. Wenn wir über eine längere Zeit unsere eigene Gesundheit, unsere Bedürfnisse nach Erholung, Regeneration oder auch Weiterentwicklung missachten, dann gehen wir das Risiko ein, uns zu erschöpfen. Wir erkranken vielleicht selbst und geraten in eine Situation, die wir als aussichtslos erleben. Möglicherweise empfinden wir unseren sozialen Beruf dann auch nicht mehr als sinnstiftend und sind des Helfens müde. In diesen Momenten des Feststeckens, der Sackgasse spüren wir vielleicht die Gefährdung und Bedrohung. Wir erkennen aber oft noch nicht den Keim für unser Wachstum, der in der Krise verborgen ist. Ich möchte hier persönliche Erfahrungen teilen.

Mit 27 Jahren befand ich mich inmitten meiner Diplomprüfungen im Fach Psychologie, als meine Mutter an einem Hirntumor erkrankte und innerhalb von drei Monaten verstarb. Ich war wie betäubt und unter Schock. Ein wissenschaftlicher Mitarbeiter der Universität machte mich einfühlsam darauf aufmerksam, dass ich doch einige Prüfungen verschieben könne, um mich erst einmal um mich selbst zu kümmern. Das war eine große Entlastung für mich. Ich hätte vielleicht sonst von mir verlangt, das Studium inmitten der Trauer abzuschließen.

Viele Jahre später erlebte ich einen anderen krisenhaften Wendepunkt. Mit großer Begeisterung hatte ich über lange Zeit eine therapeutische Wohngruppe für Mädchen und junge Frauen mit Essstörungen geleitet. Ich war engagiert, hatte viel Erfahrung in diesem Feld, galt als Expertin in dem Bereich. Doch ich musste mir eingestehen, dass ich zunehmend unzufriedener wurde. Es gelang mir nicht mehr, mich für den Rest meines beruflichen Lebens im Bereich der Jugendhilfe zu sehen. Ich ahnte, dass ich Teile meines Potenzials nicht entfaltete. Viele Kolleginnen und Freunde meinten aber, dass man ein Feld, in dem man so viel Erfahrung habe, nicht einfach aufgeben solle. Ich steckte fest zwischen dem Wunsch zu gehen und der Verpflichtung zu bleiben. Es war wichtig, mich diesem Konflikt zuzuwenden und daran zu wachsen. Die krisenhafte Zeit des Übergangs war nötig, um die nächsten Entwicklungsschritte zu gehen. Ich machte mich schließlich selbstständig und fand mit den Themen Achtsamkeit, Meditation und Selbstfürsorge eine neue Erfüllung.

In der persönlichen und auch beruflichen Entwicklung gibt es Phasen von Zufriedenheit, Sicherheit und Kraft, aber auch Zeiten von Müdigkeit, Zweifeln und Stagnation. Das krisenhafte Erleben zeichnet sich dadurch aus, dass alte Muster, Lösungsstrategien und Selbstbilder nicht mehr passen. Das Neue ist aber noch nicht in Sicht, noch nicht greifbar, das verunsichert. Wir haben einen Tunnelblick, erleben Erschütterung. Wir haben Angst, das Vertraute zu verlieren und nicht zu wissen, wie es weiter geht. Ärger richtet sich gegen uns oder andere, weil wir an Grenzen stoßen und frustriert sind. Die Krise konfrontiert damit, die Kontrolle zu verlieren und den Ausweg noch nicht zu sehen.

In helfenden Professionen ist es nicht so einfach, sich eigene Krisen einzugestehen. Wir helfen und beraten andere Menschen. Nun benötigen wir möglicherweise selbst Unterstützung. Umbruchzeiten erfordern ein Innehalten, ein Hinschauen und bewusste Reflexion. Vielleicht ist dafür auch eine Auszeit nötig, die Abstand vom Alltag gewährt. Es gilt zu erkennen, was in die Krise hineingeführt hat. Was wurde übersehen, welche Bedürfnisse wurden übergangen? Eine Gruppe von Frauen in leitenden Positionen formulierte in einem Seminar zum Thema Selbstfürsorge die berührende Frage: »Warum haben wir uns in bestimmten Situationen allein gelassen?«. Wenn es möglich ist, zu erkennen, wie wir uns verloren haben, erweitert sich allmählich der Blick und neue Sichtweisen können eingenommen werden. Lösungsideen und Handlungsmöglichkeiten tauchen auf. Aus der Stagnation heraus erwächst Beweglichkeit und eine stimmige Neuausrichtung kann beginnen. In einer Krise wird uns ein Spiegel vorgehalten. Oft weigern wir uns zunächst, hineinzuschauen, weil wir Angst haben, uns mit dem zu konfrontieren, was sichtbar wird. Der Blick in den Spiegel mag schmerzhaft sein, doch die Selbstbegegnung mit dem Verletzlichen lässt auch das Rettende finden. Ressourcen, Kompetenzen, Sehnsüchte und Träume werden spürbar. Der Blick in den Spiegel ermöglicht Selbstannahme und die Entwicklung eines realistischeren und liebevolleren Selbstbildes.

Der Fluss des Lebens – der Kohärenzsinn

Das Leben verläuft dynamisch, fließend und kennt Höhen und Tiefen. In jedem Moment erleben wir Unangenehmes und Angenehmes. Nichts bleibt wie es ist. Manchmal überwiegt das Schöne, dann wieder das Schmerzliche. Gesundheit, Wohlbefinden und auch Krankheit und Krisen sind Teil dieses Flusses. Der Medizinsoziologe Aaron Antonowsky war daran interessiert, wie Gesundheit entsteht und auch angesichts herausfordernder Erfahrungen aufrechterhalten werden kann. Er definierte den Kohärenzsinn als eine Lebensorientierung, die hilft, mit Schwierigkeiten angemessen umzugehen. Zentral für diese Ressource ist ein Vertrauen in die Verstehbarkeit der Erfahrungen, in die eigene Handlungskompetenz und in die Sinnhaftigkeit des Geschehens (Lindström & Eriksson, 2019). Wir Menschen in helfenden, sozialen Berufen sind besonderen gesundheitlichen Risiken ausgesetzt. Zum einen können Persönlichkeitsfaktoren – ein übergroßer Idealismus, ein starkes Verantwortungsgefühl und Perfektionismus – zu Selbstüberforderung führen. Und auch strukturelle Aspekte wie zunehmende Bürokratie, Personalmangel, fehlende Kollegialität und Wertschätzung, Rollenunklarheit und eingeschränkte Gestaltungsspielräume können belastend wirken (Rövekamp-Wattendorf, 2020). Oft entsteht ein Spannungsfeld zwischen inneren Ansprüchen, Idealen und der realen Arbeitssituation.

> Frau M., eine 32-jährige Lehrerin, erlebt diesen Konflikt wie folgt: »Ich habe in meiner Herkunftsfamilie ein hohes Verantwortungsbewusstsein gelernt. Anderen zu helfen hat einen großen Stellenwert. Ich arbeite so gerne mit den Kindern, es macht mir wirklich Freude, auf die individuellen Bedürfnisse einzugehen. Aber große Klassen, Vertretungssituationen machen das oft unmöglich. Dann lag ich nachts wach und grübelte. Ich gab mir die Schuld und spürte auch Schuldzuweisungen von Eltern. Dann habe ich noch mehr von mir gefordert. Plötzlich

reagierte ich mit körperlichen Symptomen, fühlte mich sehr erschöpft. Ich habe durch eine Psychotherapie und die Teilnahme an einem Achtsamkeitskurs gelernt, meine eigene biografische Prägung besser zu verstehen und meine Rolle in meinem Arbeitsumfeld zu reflektieren. Ich übe mich darin, Grenzen zu ziehen. Yoga regeneriert mich. Dann habe ich mich dafür entschieden, die Schule zu wechseln. Das war eine gute Wahl. Das Arbeitsklima ist hier freundlicher, wertschätzender. Das tut mir gut und entlastet mich.«

In diesem Bericht der Lehrerin lassen sich alle drei Aspekte des Kohärenzsinnes wiederfinden. Es war für Frau M. sehr wichtig, die Erfahrungen zu begreifen und einordnen zu können: Verstehbarkeit. Sie fand zu eigenen Fähigkeiten zurück und vertraute ihren Entscheidungen: Handlungskompetenz. Bei dem gesamten Veränderungsprozess wurde die Pädagogin von der inneren Haltung getragen, dass ihre Arbeit sinnvoll und erfüllend ist: Sinnhaftigkeit. Sie zweifelte aber auch nicht an der Notwendigkeit einer liebevollen Selbstfürsorge. Die persönliche Entwicklung führte sie dazu, auch die Arbeitssituation zu verändern. Ihr Weg der Selbstfürsorge berücksichtigte sowohl individuelle als auch strukturelle Faktoren.

Die Bedeutung der Selbstfürsorge

Treffen sich zwei Psychiater. Sagt der eine: »Ihnen geht's schlecht. Wie geht's mir?«

Selbstfürsorge heißt, sich wohlwollend in den Blick zu nehmen. Sie stärkt uns und macht uns widerstandsfähiger. Damit kann sie dann auch in krisenhaften Phasen, in Zeiten der Stagnation und der Neuorientierung hilfreich sein. In der Ausbildung steht oft die Vermittlung von Fachwissen, das befähigt, anderen Menschen zu helfen, im Zentrum. Medizinisches und pflegerisches Know-how, therapeutische Interventionen bestimmen das Curriculum. Dann werden vielleicht auch noch kommunikative und didaktische Fähigkeiten und Beziehungskompetenzen gelehrt. Aber oft bleibt das Thema Selbstfürsorge unbeachtet oder nimmt zu wenig Raum ein. Auch die Motive für die Berufswahl, die möglicherweise durch biografische Verletzungen mitbestimmt sind, werden oft nicht genügend reflektiert. Die Wahrnehmung der persönlichen Bedürfnisse wurde oft in der eigenen Herkunftsfamilie nicht ausreichend gelernt. Dieses Defizit nehmen Menschen dann mit in den helfenden Arbeitsbereich. Hier sind die Beziehungsgestaltung, das Mitschwingen mit den Leiderfahrungen der anderen wichtig. Doch wer so viel bei den Belangen seines Gegenübers sein muss, läuft Gefahr, die eigenen Bedürfnisse darüber zu vergessen. Wir verlieren uns dann selbst im Prozess des Helfens und erschöpfen uns vielleicht bis zum Burnout. Die Psychologin Julia Scharnhorst, die Expertin für betriebliches Gesundheitsmanagement ist, weist auf das erhöhte Burnout-Risiko von Lehrkräften, therapeutischem und medizinischem Personal hin (Scharnhorst, 2012). Demnach brauchen Menschen in helfenden Berufen ein Bewusstsein für das eigene Gesundheitsverhalten und stimmige Methoden für die Selbstfürsorge.

1 Selbstfürsorge – Grundlagen aus Theorie und Praxis

Was lässt sich nun aber unter Selbstfürsorge genau verstehen? Bevor wir uns damit befassen, was andere dazu denken, aktivieren wir unser eigenes intuitives Wissen.

Intuitives Schreiben: »Selbstfürsorge«

Oft wird schnell im Außen nach Ideen und Antworten gesucht. Dabei wird das eigene, intuitive Wissen unterschätzt. Diese Tür zur inneren Weisheit gilt es neugierig zu öffnen. Sie können sich ein Blatt Papier und einen Stift nehmen und alles notieren, was Ihnen zum Begriff der Selbstfürsorge in den Sinn kommt. Erlauben Sie es sich, einfach zu schreiben, ohne auf Satzzeichen oder Rechtschreibung zu achten. Lassen Sie die Ideen, Bilder, Wörter zum Thema Selbstfürsorge aus dem Stift auf das Blatt fließen. Einige wenige Minuten alle Assoziationen zu Selbstfürsorge aufschreiben, ohne gleich bewerten zu müssen. Neugierig sein und schreiben.

Dann legen Sie das Blatt kurz zur Seite, schließen Sie die Augen und spüren Sie Ihren Atem im Körper. Das Einatmen und das Ausatmen wahrnehmen. Langsam können Sie die Augen wieder öffnen und die aufgeschriebenen Assoziationen in Ruhe lesen. Vielleicht möchten Sie besonders wichtige Aspekte unterstreichen. Zum Schluss, wenn es für Sie passt, notieren Sie einen Kernsatz, eine Art Zusammenfassung, zum Thema Selbstfürsorge.

Expertin für die eigene Gesundheit und Selbstfürsorge zu werden, ist sinnvoll, weil nur Sie wissen können, wie es Ihnen geht und was Sie wirklich brauchen. Natürlich ist es auch unterstützend, sich Anregungen von anderen zu holen und sich über das Thema auszutauschen. Für eine Gruppe von Krankenpflegerinnen, die auf onkologischen und intensivmedizinischen Stationen arbeiten, referierte ich über Selbstfürsorge und leitete praktische Übungen an. Die Unterrichtseinheit fand online statt. Zunächst bat ich die Teilnehmenden, ihre Assoziationen zum Begriff Selbstfürsorge in den Chatbereich zu schreiben. Wir alle waren überrascht, wie viel Wissen und Erfahrung es bereits gab. Ich nenne hier unkommentiert die Ideen.

Was Selbstfürsorge für mich ist – Ideen von Pflegefachkräften

- Akzeptanz
- Verständnis
- Ein Schaumbad
- Zeit nehmen für Yoga, Spaziergänge, alles, was mir guttut
- Gute Kommunikation mit mir selbst

- Sich selbst spüren
- Auch Unangenehmes nicht aufschieben, sondern angehen
- Freundlich mit mir sein, nicht ruppig
- Spüren, wenn ich verspannt bin
- Meine Lieblingsmusik hören
- Sorgsam mit meinen Gefühlen und Bedürfnissen umgehen
- Mich mit Freunden treffen und quatschen
- Innehalten
- Nein sagen können
- Meine Hobbies
- Auf meine Grenzen achten

Wenn es um unsere Gesundheit geht, laufen wir Gefahr, nach einem Optimum zu suchen und uns zu stark an äußeren Vorgaben zu orientieren. Selbstfürsorge wird dann schnell zu einer weiteren Pflicht, einer zusätzlichen Last. Doch Selbstfürsorge ist kein feststehendes Ding oder ein Ziel, das es zu erreichen gilt. Sie soll keine abstrakte Idee oder ein Konstrukt sein und bleiben, sondern ein Weg der Erfahrung werden. Selbstfürsorge ist ein lebendiger Prozess. Es geht dabei darum, sich auf sich selbst einzulassen und sich näher zu kommen. Die Freundschaft mit sich selbst lohnt. Selbstfürsorge kann Freude machen und Genuss ermöglichen, sie öffnet für die Fülle des Lebens.

Die Ärztin und Traumatherapeutin Luise Reddemann beschreibt Selbstfürsorge als »einen liebevollen, wertschätzenden, achtsamen und mitfühlenden Umgang mit mir selbst und das Ernstnehmen meiner Bedürfnisse« (Reddemann, 2006, S. 565).

Diese Definition enthält interessanterweise vieles, was die Fortbildungsgruppe ganz spontan zusammen getragen hat. Die Wahrnehmung der Bedürfnisse ist zentral für selbstfürsorgliches Handeln. Grundlegend sind die lebenserhaltende Versorgung mit Essen und Trinken, Schlaf, aber auch Sicherheit und Orientierung. Das Bedürfnis nach haltgebenden Beziehungen und Zugehörigkeit ist dabei genauso so wichtig wie der Wunsch nach Autonomie und Selbstbestimmung. Menschen wollen sich als kompetent und selbstwirksam erleben, möchten Freude, Spaß und Kreativität erfahren. Sie wollen lernen, sich entwickeln, sich vor Schmerz schützen und Wohltuendes stärken (Jacob, van Genderen & Seebauer, 2011). Doch schaut man in den Berufsalltag von helfenden Menschen, so ist es selbst um die Versorgung basaler Bedürfnisse oft nicht gut bestellt.

Eine Oberstufenlehrerin vertraut mir in einem Beratungsgespräch an: »Ich habe an einigen Schultagen gar keine Zeit, mich selbst wahrzunehmen. Ich eile von Unterrichtsstunden zur Pausenaufsicht und dem nächsten Unterricht. Ich wechsle auch ständig die Räume. Manchmal weiß ich gar nicht, wann Zeit bleibt für das Essen oder für einen Toilettengang.«

Die eigenen Bedürfnisse zu spüren und zu erkennen, ist die Basis für eine gelingende Selbstfürsorge. Dafür ist die Wahrnehmung körperlicher Signale wichtig. Der Körper macht auf Hunger und Durst aufmerksam, zeigt Müdigkeit und Anzeichen von

Stress. Auch die Emotionen haben eine körperliche Komponente und geben Hinweise darauf, was gebraucht wird. Bei Traurigkeit wollen wir vielleicht Unterstützung, Trost und Verständnis. Bei Wut benötigen wir möglicherweise mehr Respekt. Um nach unseren Bedürfnissen zu handeln, müssen wir die Hinweise frühzeitig erkennen und auch deuten können. Dies ist aber in einem ständigen Tätigkeitsmodus nicht möglich. Selbstfürsorge braucht ein bewusstes Innehalten, um die eigenen Gedanken, die Gefühle und Körperempfindungen wahrzunehmen.

Das Zitat von Luise Reddemann beinhaltet noch weitere Aspekte. Es geht nicht nur darum, die eigenen Bedürfnisse wahrnehmen zu können, sondern sie auch ernst zu nehmen und sie auf eine wohlwollende, einfühlsame Art und Weise zu beantworten. Entscheidend ist, den eigenen Wahrnehmungen zu vertrauen, ihnen Raum zu geben und sie auch wichtig zu nehmen. Erst dann wird selbstfürsorgliches Handeln möglich.

Bei einem Erlernen von Selbstfürsorge spielen Vorbilder eine wichtige Rolle. Vielleicht kennen wir Menschen, die sich auf eine überzeugende Weise um sich selbst kümmern. Modelle, die vorleben, wie es gelingt, sich selbst Aufmerksamkeit zu schenken und sich auf eine wohlwollende Art wichtig zu nehmen. Es braucht ein Repertoire von selbstunterstützenden Verhaltensweisen, aus denen ausgewählt werden kann. Helfende Personen benötigen Erfahrungen und Kompetenzen, um selbstfürsorglich zu handeln. Hilfreiche Verhaltensweisen, die regenerieren, die Grenzsetzungen ermöglichen, wollen erprobt sein. Je besser die Selbstfürsorge eingeübt ist, umso verlässlicher steht sie in stressigen und herausfordernden Situationen zur Verfügung. Es lohnt sich, eine Liste für selbstfürsorgliche Aktivitäten zu erstellen und sich bewusst zu werden, was regeneriert und stärkt. Eine weitere Quelle für die Selbstfürsorge sind positive Erinnerungen an die eigene Kindheit. Als Erwachsene können wir wieder an die kindlichen Erfahrungen von Freude, Spaß und Geborgenheit anknüpfen. Wenn ich in meine Kindheit zurückschaue, so waren Tanzen, Lesen und Schreiben bereits damals wichtige freudvolle Tätigkeiten, die mich mit mir und anderen in Verbindung gebracht haben. Auch heute noch sind diese kreativen Strategien nicht nur in Belastungssituationen hilfreich für mich. Sie entspannen, regenerieren und ermöglichen mir, mich auszudrücken. Diese freudvollen Aktivitäten sind über viele Jahre so gut eingeübt, dass ich sie auch ohne übermäßige Anstrengung in Stressphasen nutzen kann.

Helfende Menschen haben so viele Kompetenzen: gut zuhören, mit anderen mitschwingen, kreativ und sensibel sein, um heilsame Methoden wissen. Selbstfürsorge bedeutet, sich mit diesen Stärken zu verbinden und sie auch im Sinne der eigenen Gesundheit zu nutzen. Wenn wir diese Kraftquellen nur anderen zur Verfügung stellen, so laufen wir Gefahr, selbst auszubrennen. Und wir werden letztlich auch unglaubwürdig. Vielleicht kann es gelingen, die Richtung der Fähigkeiten flexibler wechseln zu können. Wir hören anderen zu, können aber auch in uns selbst hineinhorchen. Wir geben anderen Trost und können auch uns selbst unterstützen und von anderen Hilfe annehmen. Dann entsteht eine gesundheitsfördernde und stimmige Balance.

Die 35-jährige Krankenschwester, Frau H., bekommt ihr erstes Kind. Nach der Elternzeit steigt sie wieder in ihre herausfordernde Tätigkeit ein. Gleichzeitig befindet sich ihr Bruder in einer Lebenskrise. In ihrem Bekanntenkreis erkrankt eine junge Frau schwer. Frau H. kommt zu mir, weil sie sich überfordert fühlt. Ängste, selbst krank zu werden, lassen sie nicht mehr los. Es wird deutlich, dass ihr besonders ausgeprägtes Pflichtgefühl der eigenen Selbstfürsorge im Wege steht. Frau H. beginnt, Grenzen zu setzen und nimmt sich mehr Zeit für sich, die sie mit Ausruhen, Sport und Freundinnen verbringt. Sie nimmt an einem Kurs in achtsamkeitsbasierter Stressbewältigung (MBSR) teil und lernt, sich der Angst bewusst zuzuwenden, ohne sich in den Sorgengedanken zu verlieren. Das Verhältnis von Geben und Nehmen balanciert sich in ihrem Leben wieder mehr aus.

Die eigene Selbstfürsorge kann durch innere und äußere Faktoren gefördert oder auch behindert werden. Die Wahrnehmung grundlegender Bedürfnisse wird innerhalb der frühen Beziehungserfahrungen gelernt (Bentzen, 2020). Selbstfürsorge wurzelt damit in der Fürsorge, die uns zuteilgeworden ist. Säuglinge erleben schon kleinste Störungen als potenziell bedrohlich. Die Erwachsenen übernehmen zunächst stellvertretend die emotionale Beruhigung und Ausbalancierung. Dadurch lernt das kleine Kind, Schritt für Schritt mit Erregungszuständen umzugehen und sie zunehmend selbst zu moderieren. Die wechselseitige Kommunikation zwischen haltgebender erwachsener Person und Kind fördert Studien zufolge nicht nur die Gehirnentwicklung, sondern auch die Resilienz (Kain & Terrell, 2020).

Reflexion der eigenen frühen Beziehungserfahrungen

- Wer waren die wichtigsten, nährenden Bezugspersonen?
- Welche schönen Erfahrungen von Geborgenheit und Wohlbefinden gab es?
- Wie wurde Sicherheit und Halt vermittelt?
- Welche Bedürfnisse wurden übersehen und nicht angemessen erfüllt?
- Wie wurden Emotionen beantwortet?
- Wie wurde Selbstfürsorge vorgelebt?
- Inwiefern haben die eigenen Beziehungserfahrungen für die Berufswahl eine Rolle gespielt?

Selbstfürsorge ist von Beginn an kein Egotrip, sondern immer in ein Beziehungsgeschehen eingebettet. Dazu gehört auch, sich der biografischen Verletzungen und einschränkenden Glaubenssätze bewusst zu werden. Grundüberzeugungen wie »Ich muss es immer allen recht machen.«, »Geben ist seliger als Nehmen.«, »Ich bin nur wertvoll, wenn ich etwas gut mache.« sind oft so sehr Teil der Persönlichkeit geworden, dass sie gar nicht mehr bewusst sind oder in Frage gestellt werden. Diese Glaubenssätze können sogar ein selbstfürsorgliches Verhalten verbieten. So werden Pausen nicht gemacht und Grenzen nicht gesetzt, weil innere Normen dies untersagen. Oft sind diese Schemata in der Familie und im nahen Umfeld gelernt worden.

Auch der Arbeitskontext, die Kultur, die Werte der Institution können einer Selbstfürsorge entgegenstehen. Vielleicht fehlen Führungspersonen, die Vorbilder für ein gelingendes Gesundheitsverhalten sind. Möglicherweise fordert die Organisationskultur eine Selbstaufgabe und stellt das Wohlergehen der Kunden und die wirtschaftlichen Resultate über die Gesundheit der Mitarbeitenden. Institutionelle Gegebenheiten können die eigenen inneren, antreibenden und sich aufopfernden Seiten noch verstärken. Oft fehlt es an Wertschätzung. Auch das Leiden von Patienten und Patientinnen kann sehr belastend wirken und dazu führen, die eigenen Bedürfnisse zu bagatellisieren und zurückzustellen.

Im Bild des Selbstfürsorgebaumes werden die wichtigen Aspekte zusammengeführt. Es verweist darauf, dass sich die eigene Selbstfürsorge aus biografischen Wurzeln heraus entwickelt hat und in ein Zusammenspiel von persönlichen und institutionellen Faktoren mündet. Selbstfürsorge braucht wie ein Baum einen passenden Standort und günstige Wachstumsbedingungen. Im Anhang des Buches finden Sie den Selbstfürsorgebaum als Vorlage zum Ausfüllen (▶ AB 1). Nehmen Sie sich Zeit, einen eigenen für Sie passenden Baum der Selbstfürsorge zu entwickeln. In vielen Kursen und Seminaren kam dieses Bild gut an.

Die Bedeutung der Selbstfürsorge

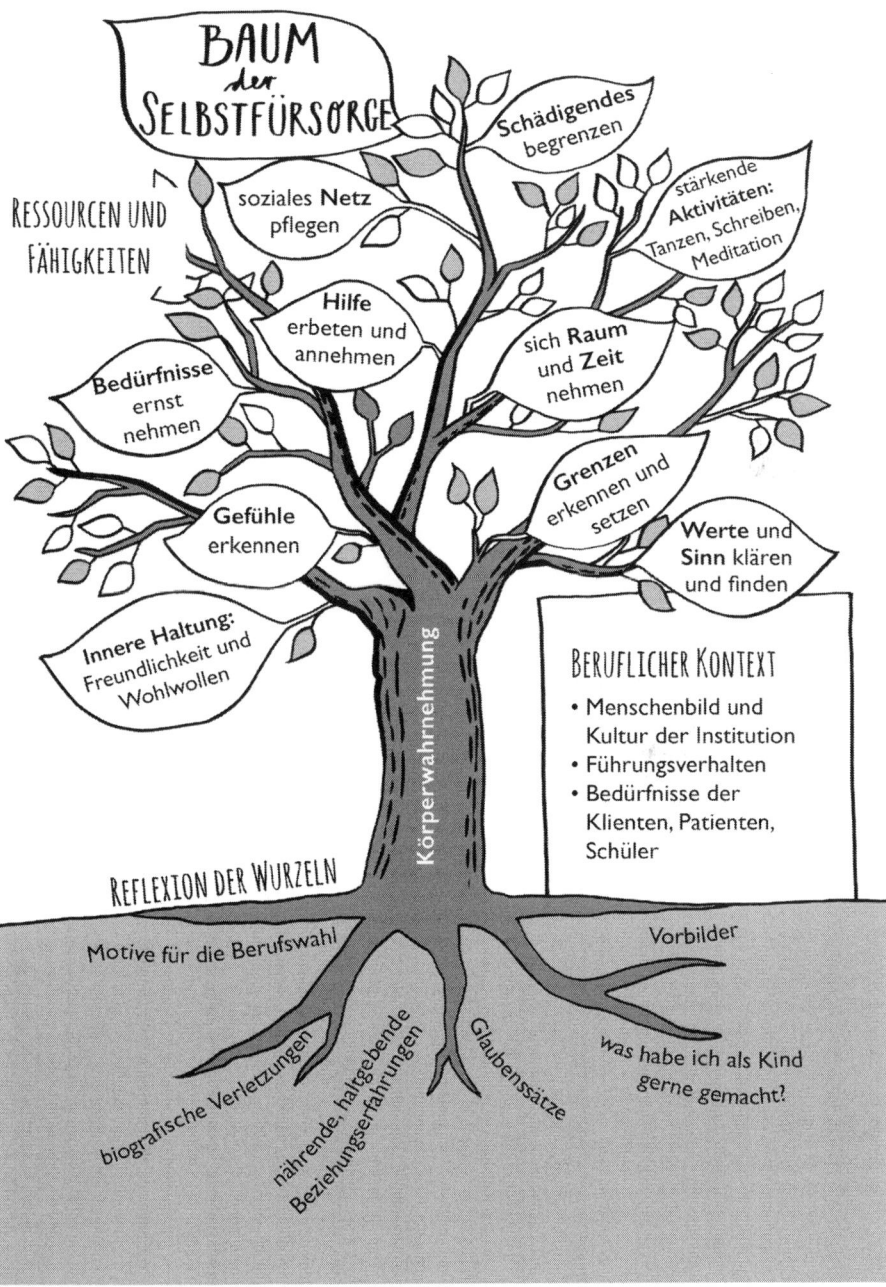

Abb. 1.2: Der Baum der Selbstfürsorge

Selbstmitgefühl – der eigenen Verletzlichkeit liebevoll begegnen

»Wenn der Luftdruck in der Flugzeugkabine fällt, setzen Sie bitte zunächst sich selbst die Sauerstoffmaske auf, bevor Sie anderen helfen.«

Selbstfürsorge ist in allen Situationen wichtig. Im besten Fall etablieren wir selbstunterstützende Kompetenzen in stabilen Zeiten. Denn die Feuerwehr übt auch nicht dann, wenn es brennt. Alle Handgriffe werden in Übungssituationen erprobt, um dann im Notfall sicher zur Verfügung zu stehen. Menschen in helfenden Berufsfeldern benötigen deshalb eine etablierte Selbstfürsorge, um in herausfordernden Phasen darauf zurückgreifen zu können. Leider lassen wir uns besonders in stressigen Situationen allein und verzichten auf Aktivitäten, die uns guttun. Das liegt auch daran, dass wir in Belastungszeiten nach einer Art Notprogramm handeln und dann nur ein sehr eingespieltes und reduziertes Verhalten zur Verfügung steht. In Stresssituationen stellen Menschen oft die selbstfürsorglichen Tätigkeiten ein, weil sie meinen, dafür jetzt keine Zeit und Energie zu haben. Das ist paradox, denn gerade dann werden ja die ausgleichenden und regenerierenden Strategien gebraucht.

Selbstmitgefühl ist die Fähigkeit, sich dem eigenen Leiden bewusst und wohlwollend zuzuwenden und sich selbst zu helfen. »Wir fangen an, uns liebevoll zu umsorgen, weil wir leiden. Selbstmitgefühl bedeutet einfach, dass wir uns selbst dieselbe Freundlichkeit entgegenbringen, mit der wir uns um andere kümmern würden« (Germer, 2011, S. 49). Selbstmitgefühl ist demnach eine spezielle Form der Selbstfürsorge in leidvollen Situationen. Es erfordert, sich zunächst einzugestehen, dass Erfahrungen schmerzvoll sind. In einem weiteren Schritt kann dann der Wunsch entstehen, dieses Leiden zu lindern. Um sich in der Gegenwart mitfühlend um die eigenen Verletzungen kümmern zu können, braucht es auch einen Blick in die Vergangenheit. Die biografischen Wurzeln wollen reflektiert werden. Viele Menschen, die einen helfenden Beruf ergreifen, haben schon als Kinder eine große Sensibilität für die Bedürfnisse der Bezugspersonen entwickelt. Vielleicht war es wichtig, eine trauernde Mutter zu trösten und ihr selbst keinen weiteren Kummer zu bereiten. Ein psychisch erkrankter oder süchtiger Elternteil machte es erforderlich, zu früh erwachsen zu werden und sich um die Belange der Mutter oder des Vaters zu kümmern. Für diese – nicht altersadäquate – Form des Helfens gab es möglicherweise Anerkennung. Die Eltern waren stolz auf das »pflegeleichte« Kind, das sich scheinbar schon so erwachsen verhielt. Früh wird dadurch gelernt, die Erwartungen der anderen zu erfüllen und über diesen Umweg für sich selbst zu sorgen. Doch die eigenen, kindlichen Bedürfnisse bleiben ungesehen und unerfüllt und schmerzen im Untergrund.

Wenn diese Sehnsucht nach Liebe und Anerkennung unreflektiert bleibt und zur Basis der eigenen Berufswahl wird, besteht die Gefahr, zu einem »hilflosen Helfer« zu werden (Schmidbauer, 2018): eine konflikthafte Helferpersönlichkeit, die von den eigenen Eltern nicht genügend versorgt wurde und sich nun aus dieser eigenen Bedürftigkeit heraus die Versorgung anderer Menschen zur Lebensaufgabe macht. Die ohnmächtigen Helfenden können die eigenen Gefühle und Bedürfnisse wenig spüren und auch nicht artikulieren. Eine kulturelle Idealisierung des Helfens, beispielsweise die Zuschreibung »Götter in Weiß« für Ärzte und Ärztinnen, verstärkt diese Leugnung der eigenen Verletzlichkeit noch. Das Helfen wird zu einem Bewältigungsversuch, dient dem Vermeiden des eigenen Schmerzes und führt zu einem Gefühl von Kontrolle (ebd.). Diese Analyse Schmidbauers ist wichtig für das Feld der helfenden Berufe, dennoch erscheint sie manchmal zu einseitig.

Ich möchte hier ermutigen, neben der eigenen Vulnerabilität auch die persönlichen Kompetenzen und Ressourcen in den Blick zu nehmen. Dafür ist es auch im Erwachsenenalter nicht zu spät. Es gibt helfende Kontexte, zum Beispiel die Psychotherapie, die eine Eigentherapie, Selbsterfahrung, Supervision und Intervision vorsehen und damit einen Raum eröffnen, sich der eigenen Verletzlichkeit und Stärken zuzuwenden. Doch in vielen pädagogischen, medizinischen und pflegerischen Bereichen sind diese Möglichkeiten der Selbstwahrnehmung und -reflexion gar nicht vorgesehen, obwohl sie dringend gebraucht werden. Menschen in helfenden Berufen befinden sich oft in einem Dilemma: Sie kümmern sich um andere, weil sie dies möglicherweise seit Kindheitstagen tun und haben Schwierigkeiten damit, sich die eigenen Verletzungen einzugestehen. Zusätzlich erschwert die idealisierte Helferrolle, die eine einseitige, gebende Beziehungsgestaltung vorsieht, ein bewusstes Wahrnehmen der eigenen Grenzen und Wunden. Das Spüren der eigenen Verletzlichkeit ist aber eine Voraussetzung für Selbstmitgefühl. Um Missverständnissen zu begegnen: Selbstmitgefühl meint keine egoistische Selbstbezogenheit oder Selbstmitleid. Es bedeutet nicht, in einer Opferrolle jammernd zu verharren. Selbstmitgefühl setzt eine bewusste Wahrnehmung voraus, die andere nicht ausgrenzt. Vielmehr entsteht ein Kontakt zu sich und den eigenen Bedürfnissen, der ein gesundheitsförderndes, aktives Handeln ermöglicht. Die eigene Gesundheit und Stabilität des Helfenden schaffen damit eine gute Basis für die Versorgung anderer Menschen.

Die Kraft der Achtsamkeit

Achtsamkeit ist zu einem Modewort geworden. Doch was verbirgt sich hinter dem Begriff der Achtsamkeit? Die Meditationslehrerin und Publizistin Sylvia Wetzel bezieht sich auf die buddhistischen Wurzeln und definiert Achtsamkeit als »merken, was jetzt geschieht, und erinnern, was heilsam ist: das, was mich und andere heilt« (Wetzel, 2017, S. 43).

Für eine gelingende Selbstfürsorge sind genau diese beiden Aspekte wichtig. Die Fähigkeiten, sich selbst in der Gegenwart wahrnehmen zu können und sich auf das zu besinnen, was unterstützend und wohltuend ist. Die achtsame Selbstwahrnehmung umfasst körperliche Signale, Gefühle, Gedanken und Verhaltensimpulse. Dadurch entsteht ein Raum der Bewusstheit, der es ermöglicht, nicht automatisch zu handeln, sondern eine Verhaltensantwort zu wählen, die sich stärkend auswirkt. Hierzu ein Beispiel.

> Eine junge Krankenschwester bemerkt, dass sie nach einem Nachtdienst oft den gesamten Tag vertrödelt. Sie schaut stundenlang Serien und ärgert sich dann sehr über sich. Durch ein Achtsamkeitstraining wird ihr bewusst, dass die Nachtdienste ihren Rhythmus durcheinanderbringen und oft mit Gefühlen von Traurigkeit und Einsamkeit einhergehen, die auch biografisch verwurzelt sind. Sie lernt, sich und ihre Bedürfnisse besser wahrzunehmen und sich nicht mehr so stark durch Serien abzulenken und zu betäuben. Sie kann selbstfürsorgliche Aktivitäten bewusster wählen und es wird ihr möglich, sich besser um sich selbst zu kümmern.

Achtsamkeit befähigt uns, wirklich hinzuschauen und zu fühlen. Wir lernen dabei, uns der gegenwärtigen Erfahrung möglichst vorurteilsfrei, mit Akzeptanz und Offenheit zuzuwenden. Manchmal besteht die Annahme, Achtsamkeit hieße, gänzlich auf Urteile zu verzichten. Dies ist ein Missverständnis. Vielmehr geht es darum, die Wirkungen von Bewertungen zu bemerken. Die Kraft der Achtsamkeit schärft das Unterscheidungsvermögen und hilft dabei, zu erkennen, was sich verletzend und einengend und was sich wohltuend und stärkend auswirkt. So können wir die Beziehung zu uns selbst klarer sehen und bewusster gestalten. Wir gehen in Kontakt mit uns, auch mit den Seiten, die wir nicht so an uns mögen. Die junge Krankenschwester im vorangegangenen Beispiel musste erkennen, dass sich das Schauen von Serien vielleicht zunächst gut anfühlt. Aber dann wurde ihr bewusst, dass sich ihr Verhalten langfristig selbstschädigend auswirkt und einer gelingenden Selbstfürsorge im Wege steht.

Achtsamkeit kann »als eine Form der gesunden Beziehung zu sich selbst« verstanden werden (Siegel, 2007, S. 11). Das Üben von Achtsamkeitsmeditation wirkt sich ähnlich positiv aus wie sichere Bindungserfahrungen. Unterstützende Eltern richten ihre Aufmerksamkeit auf die Wahrnehmungswelt ihres Kindes und sehen, was es braucht. Sie stimmen sich ein, fühlen sich ein. Diese Art der Beziehung gilt als stärkend, entwicklungsfördernd und macht uns resilient gegenüber Herausforderungen. Achtsamkeitsübungen und Meditation unterstützen die Einstimmung mit uns selbst. Wir fühlen uns in uns selbst ein und treten mit uns in Resonanz. Somit kann ein achtsamkeitsbasierter Übungsweg besonders für Menschen in helfenden Berufen sinnvoll sein, um die oft übersehene Beziehung zu sich selbst zu pflegen. Die Kompetenzen von Einfühlsamkeit und Sensibilität, die Motivation zu helfen dürfen dabei für sich selbst genutzt werden. Achtsamkeit ermöglicht die Freundschaft mit sich selbst. Es braucht dafür ein bewusstes Ausbalancieren unserer Erfahrung. Körperempfindungen, Gefühle, Gedanken und Verhalten gilt es wahrzunehmen, zu verstehen und zu regulieren. Bewusstheit ist der Schlüssel dazu. Sie kann einfühlsam, freundlich und sanft wie ein Schmetterling in Kontakt gehen mit körperlichen, gedanklichen, emotionalen Erfahrungen und auch unsere Handlungsimpulse und Verhaltensweisen wahrnehmen.

Achtsamkeit ermöglicht, die Körperempfindungen wahrzunehmen: zum Beispiel Berührung, Wärme oder Kühle, vielleicht Schmerz, Anspannung oder Entspannung. Für jede Selbstwahrnehmung und -fürsorge ist die Körperwahrnehmung die Basis. Wir werden noch sehen, wie sich diese durch gezielte Übungen fördern und schulen lässt. Die achtsame Selbstwahrnehmung richtet sich auch auf die Gefühle. Zunächst gilt es zu unterscheiden, ob etwas als angenehm oder unangenehm erlebt wird. Vielleicht spüren wir Angst, weil wir etwas bei der Arbeit übersehen haben. Oder uns macht die leidvolle Erfahrung eines anderen Menschen traurig und hoffnungslos. Wir können uns aber auch über die Fortschritte einer Schülerin freuen oder dass eine Person gesundet. Gefühle sind wichtig, um uns selbst und anderen zu signalisieren, wie es uns geht. Sie weisen darauf hin, was wir brauchen, welche Bedürfnisse wir ernst nehmen sollten. Vielleicht hoffen wir bei Traurigkeit auf Trost und Unterstützung. Bei Ärger wurden möglicherweise unsere Grenzen verletzt und wir wünschen uns mehr Respekt. Freude will vielleicht mit anderen geteilt werden. In helfenden Berufen erleben wir oft, dass die Gefühle anderer Menschen uns beeinflussen, uns anstecken und belasten. Umso wichtiger ist es, sich mit der eigenen Gefühlswelt gut auszukennen und die Emotionen ausbalancieren zu können.

Abb. 1.3: Bewusste Selbstwahrnehmung

Gefühle und Gedanken hängen oft eng zusammen und verstärken sich wechselseitig. Achtsamkeit hilft dabei, dieses Zusammenspiel zu erkennen und geschickt damit umzugehen. Wir denken viel, und leider hat unser Denken einen Negativdrall. Tendenziell denkt der Mensch mehr über Negatives, Herausforderndes und

Ungeklärtes nach als über Schönes. Es ist wichtig, sich dieser Verzerrung bewusst zu werden. Wenn wir uns belastet fühlen, erleben wir unsere Gedanken als besonders bedrängend und vereinnahmend. Oft identifizieren wir uns sehr mit unseren Gedanken und halten sie für Tatsachen. Es fehlt dann der Raum, sich den Gedanken bewusst zuwenden zu können und sie nur als einen Teil der Erfahrung zu sehen. Im Praxiskurs in Kapitel drei werden wir uns darin üben, mehr im Körper verwurzelt zu sein und Gedanken und Gefühle bewusst zu erkennen. Sie können zu starken Handlungsimpulsen führen. Eine Nachricht, die uns ärgert, wollen wir sofort beantworten und treffen dabei meist nicht den richtigen Ton. Wir verhalten uns zu oft aus einem Gefühl heraus oder folgen einem Gedanken, ohne eine ruhigere, bewusstere Perspektive einnehmen zu können. Deshalb braucht es auch Achtsamkeit mit unseren Impulsen und mit unserem Verhalten. Wenn wir lernen, bewusst mit allen Aspekten der Erfahrung in Kontakt zu sein und Raum zu lassen, dann entsteht die Wahlmöglichkeit, bewusst zu handeln. Wir wägen ab, was sich in unserem Sinne und im Sinne anderer Menschen als heilsam und wohltuend auswirkt. Meditation ist eine wunderbare Möglichkeit, um Achtsamkeit zu schulen und zu stärken.

Achtsamkeitsmeditation – sich sammeln und klarer sehen

»Sich um sich selbst zu kümmern, bedeutet als Erstes zu lernen, wie man anhält und nach innen schaut.« (Thich Nhat Hanh, 2010, o. S.)

Das obige Zitat des vietnamesischen Meditationslehrers Thich Nhat Hanh macht deutlich, dass Selbstfürsorge nicht in einem unbewussten, angetriebenen Alltagsmodus möglich ist. Wir können uns nicht im Strudel der vielen Aktivitäten spüren, sondern brauchen ein bewusstes Anhalten. Erst dieses Stoppen und Innehalten ermöglicht es, nach innen zu schauen und sich selbst zu spüren. Genau dies tun wir, wenn wir meditieren.

Meditation heißt, bewusst mit sich in Verbindung zu treten, Kontakt aufzunehmen und sich wirklich zuzuhören und zu fühlen. Wir reisen oft in andere Länder, um uns auszuruhen, uns inspirieren zu lassen und uns lebendig zu fühlen. Meditation ist eine Reise nach innen, die in jedem Moment möglich ist. Es ist ein Sich-vertraut-machen mit sich selbst. Meditierende sprechen auch von der Erfahrung des »Nach-Hause-kommens« (LeShan, 1974, S. 7). Ich möchte mich im vorliegenden Buch auf die im Buddhismus verankerte Achtsamkeitsmeditation beziehen, weil sie die Basis für die im Gesundheitsbereich etablierten Trainings wie zum Beispiel MBSR (achtsamkeitsbasierte Stressbewältigung) bildet. Sie wird als eine Geistesschulung verstanden, die ermöglicht, den eigenen Geist kennenzulernen und zu kultivieren.

Die buddhistische Meditationslehrerin Silvia Kolk sieht in der Achtsamkeitsmeditation eine »Praxis der Selbsterforschung« (Kolk, 2016, S. 82). Die Aufmerksamkeit wird bewusst auf die verschiedenen Aspekte unserer Erfahrung gerichtet: Der Körper wird wahrgenommen, die Gefühle, die Gedanken und Geisteszustände und Verhaltensimpulse werden direkt in der Meditation gespürt und beobachtet. Dabei ist das Ankommen in der Gegenwart zentral. Meditation heißt nicht, zu träumen, sich weg zu beamen oder sich nur zu entspannen. Vielmehr wird in der Achtsamkeitsmeditation eine Balance von Entspannung und wacher Bewusstheit geübt. Es gelingt, absichtsvoller mit der Aufmerksamkeit umzugehen.

Nahezu alle Menschen, die in meine Meditationskurse kommen, wünschen sich, mehr im Körper zu sein, anstatt so sehr in Gedanken verloren zu gehen. Sie möchten mehr im Hier und Jetzt sein, anstatt ständig in der Vergangenheit oder Zukunft zu leben. Des Weiteren erhoffen sie sich mehr Ruhe und Gelassenheit. Verschiedene Meditationsmethoden ermöglichen es, diesen Zielen näher zu kommen. Zur Kultivierung der Körperachtsamkeit dient der Body Scan. Dabei wandert die Aufmerksamkeit mit Offenheit und Neugier durch den Körper. Jede Achtsamkeitsmeditation beginnt mit dem Spüren des eigenen Körpers und verwurzelt uns damit in der Gegenwart. Die Atemmeditation ermöglicht eine Fokussierung. Eine Stelle im Körper, an der die Atmung gut gespürt wird, dient als Anker für die Aufmerksamkeit. Wenn diese dann durch Gedanken weggetragen wird, was sehr schnell passiert, ist es möglich, dies zu bemerken und zum Fokus zurückzukehren. Die Atemmeditation ist also eine Übung zur Sammlung und Beruhigung des Geistes.

Durch eine regelmäßige Meditationspraxis wird die Aufmerksamkeitslenkung bewusster und flexibler. Der Fokus der Aufmerksamkeit kann zentriert und auch wieder erweitert werden. Wenn der Geist sich etwas beruhigt, lassen sich Inhalte und Geisteszustände erst richtig erkennen. Es ist wie mit einer sich beruhigenden Seeoberfläche. Plötzlich werden die Spiegelungen der Wolken und Bäume auf der Oberfläche und auch Fische, Algen unter Wasser sichtbar. Nachdem sich der Geist durch eine Fokussierung etwas beruhigt hat, wird eine erweiterte Perspektive möglich. Dieses offene Gewahrsein, auch Einsichtsmeditation genannt, erlaubt, Gedanken, Körperempfindungen und Gefühle zu beobachten, und zu bemerken, wie sie entstehen, sich verändern und sich auch wieder auflösen. Muster und Gewohnheiten werden deutlich. Es wird bewusst, was aus der Gegenwart davonträgt und wodurch innere Turbulenzen entstehen. Unterschiedliche innere Zustände wie Unruhe und Zweifel werden erfahrbar. Die Einsichtsmeditation lässt differenzierter erkennen, wie sich negative Spiralen von Gedanken und Gefühlen aufschaukeln. Durch die zunehmende Bewusstheit ist es auch möglich, hilfreiche innere Qualitäten zu kultivieren und zu stärken.

Wenn Sie noch keine Erfahrung mit Meditation haben, dann klingen die letzten Ausführungen wahrscheinlich recht abstrakt. Ein wenig so, als würde ich Ihnen verschiedene Schwimmstile erklären, aber Sie wären noch nie im Wasser gewesen.

Deshalb möchte ich Sie an dieser Stelle einladen, eine erste kurze Meditationsübung auszuprobieren, die einige der beschriebenen Elemente erfahrbar macht. Zunächst erfordert das ein Innehalten. Sie können gerne das Buch zur Seite legen und mit der Audiodatei »Das bewusste Innehalten« üben. Zunächst möchte ich noch einige Hinweise zur meditativen Sitzhaltung geben: Gerne können Sie auf einem Stuhl oder einem Sessel üben. Achten Sie bitte darauf, dass die Füße stabil auf dem Boden stehen und der Rücken sich aus dem Becken heraus nach oben aufrichten kann. Es entsteht ein würdevolles, entspanntes Sitzen.

Bewusstes Innehalten

Kontakt zum Körper aufnehmen
Zunächst können Sie sich vielleicht kurz strecken und Ihre Körperhaltung bewusst verändern. Dann lassen Sie sich in einer entspannten, stabilen und aufgerichteten Sitzhaltung ankommen. Wenn es für Sie angenehm ist, können Sie die Augen gerne schließen. Ansonsten lassen Sie die Augen entspannt halb geöffnet. Wenden Sie sich nun Ihrem Körper zu. Spüren Sie, wie der Kopf auf der Wirbelsäule ruht, wie sich die Schultern und Arme anfühlen. Machen Sie sich bewusst, wo die Hände liegen und wie sie sich anfühlen. Auch den Rücken und die Aufrichtung der Wirbelsäule spüren, den Kontakt zur Sitzfläche wahrnehmen. Mit Neugier und Offenheit dem Körper Aufmerksamkeit schenken. Die Beine, die Füße im Kontakt mit dem Boden wahrnehmen. Sie müssen nichts verändern, keine bestimmten Empfindungen suchen. Alles darf genau so sein, wie Sie es erleben.

Sammlung beim Atem
Nun können Sie sich Zeit nehmen, den Atem im Körper zu spüren. Vielleicht an der Nase, im Brustbereich oder in der Bauchregion. Nehmen Sie Verbindung zum Atem im Körper auf. Und spüren Sie das Einatmen und nehmen Sie das Ausatmen wahr. Dem Atem erlauben, ein- und auszuströmen. Und sich für einige Momente entspannt beim Atem fokussieren. Der Atem dient dabei als Ankerpunkt für die Aufmerksamkeit. Wenn die Aufmerksamkeit wegwandert, können Sie das bemerken und sich geduldig wieder dem Atem zuwenden. Einige Momente lang bewusst das Ein- und das Ausatmen spüren.

Offenes Gewahrsein
Dann können Sie den Fokus allmählich weiter werden lassen. Dabei hilft es vielleicht, den Atem zunächst weiträumiger im Körper zu spüren. Den Raum wahrnehmen, den der Körper einnimmt. Den Geist wie einen blauen Himmel betrachten, in dem Gedanken, Gefühle, Körperempfindungen und Geräusche wie Wolken erscheinen. Wahrnehmen, wie alles auftaucht, da ist und sich verändert. Nichts wegschieben oder festhalten müssen. Alles findet Platz und darf da sein. Einfach hier sitzen und den Fluss der Erfahrung beobachten. Dann allmählich beginnen, sich zu strecken, die Augen öffnen und sich wieder bewusst dem Alltag zuwenden.

Diese Meditation ermöglicht ein kurzes Innehalten und kombiniert Körperachtsamkeit, Sammlung und offenes Gewahrsein miteinander. Erwarten Sie nicht gleich große Effekte. Es ist wie beim Schwimmenlernen, es braucht das kontinuierliche Üben. Was zunächst anstrengend ist, wird vertrauter, leichter und mit der Zeit wird die Wirkung spürbar. Sie werden lernen, sich wie ein Fisch im Wasser Ihrer eigenen Erfahrung zu fühlen. Die zunehmende Achtsamkeit wird Sie dabei wie eine gestärkte Muskulatur und geschickte Schwimmbewegungen über Wasser halten.

Die Meditationsforschung verdeutlicht, dass das, was wiederholt geübt wird, stärker wird (Goleman & Davidson, 2017). Das Trainieren der Atemmeditation verbessert die Fähigkeit zur Fokussierung und Zentrierung. Der Body Scan stärkt die Körperwahrnehmung. Und das Üben des offenen Gewahrseins lässt Geisteszustände besser erkennen und macht mit dem ständigen Wandel der Erfahrung vertraut. Nicht nur die Meditationsmethode ist wichtig, sondern auch die innere Haltung beim Üben. Das Erlernen von Meditation braucht Neugier, Offenheit, Geduld und Freundlichkeit. Die Mettameditation (Metta = liebende Güte, Freundschaft) ermöglicht das Kultivieren von inneren heilsamen Qualitäten und stärkt eine wohlwollende, sich selbst und andere unterstützende Haltung. Dabei öffnen sich individuell passende Zugänge zu Herzlichkeit. Wissenschaftlich fundierte, strukturierte Meditationstrainings fördern Ruhe, Einsicht und Freundlichkeit. Diese Übungsverfahren sind besonders auch in den sozialen Berufsfeldern praxisnah erforscht worden und werden nun detaillierter vorgestellt.

MBSR – die achtsamkeitsbasierte Stressbewältigung

> »Ich habe viele Jahre gedacht, mein Glück liegt im Außen. Ich habe vieles erreicht und Erfolg gehabt. Nun ist es aber auch an der Zeit, nach innen zu schauen und zu sehen, was mich wirklich zufrieden macht.« (ein Arzt in einem MBSR-Kurs)

Jon Kabat-Zinn hat MBSR (Mindfulness Based Stress Reduction) Ende der 1970er Jahre in den USA als ein säkulares, achtwöchiges Stressbewältigungstraining entwickelt. Sein Verdienst ist es, Menschen einen niedrigschwelligen Zugang zu Meditation, unabhängig von weltanschaulichen und religiösen Überzeugungen, zu gewähren. Inmitten eines medizinischen Klinikalltags bot er den Kurs als ergänzende neue Möglichkeit an, mit Schmerzen, Krankheit und Krisen bewusster umzugehen (Kabat-Zinn, 2013). MBSR ist ein Angebot innerhalb der Mind-Body-Medizin, die eine Einheit von Körper und Geist postuliert und diese stärken möchte (Dobos & Paul, 2019). Das Gruppentraining umfasst acht wöchentlich stattfindende Treffen und einen Tag der Achtsamkeit im Schweigen. MBSR bietet eine sehr strukturierte Einführung in die achtsamkeitsbasierte Stressbewältigung. Im Zentrum steht dabei ein praxisnahes, erfahrungsbasiertes Lernen. Besonders das tägliche Üben der formellen Meditationen (Body Scan, Gehmeditation, achtsame Bewegung und Sitzmeditation) und die informellen Übungen (bewusste Alltagstätigkeiten, z. B. essen, Zähne putzen) schaffen den Raum für Selbstbegegnung und Selbstfürsorge. Die Kursteilnehmenden verpflichten sich, täglich fünfundvierzig Minuten Zeit für die Meditationen zu investieren. MBSR ermöglicht damit eine Etablierung von Selbstfürsorge inmitten des Alltags. Ein Kursheft und Audiodateien, die Anleitung durch die Trainerin und der Austausch in der Gruppe geben Halt und Orientierung für den individuellen Lernweg. Die inneren Haltungen von Freundlichkeit, Geduld und Offenheit werden beim Meditieren und im Alltag kultiviert. Ein MBSR-Kurs stellt also nicht einfach nur einen Methodenpool zur Verfügung, sondern regt einen Perspektivwechsel, eine neue Lebenshaltung an. Diese Sichtweise ermutigt, sich der gegenwärtigen Erfahrung zuzuwenden und auch mit den unangenehmen, stressvollen Momenten in Kontakt zu treten. Die innere, oft leidvolle Reaktivität, die Vermeidungs- und Fluchttendenzen werden erfahrbar. Stressmuster, Verhaltens- und Denkgewohnheiten werden bewusster. Es eröffnen sich Wahrnehmungsräume, die ermöglichen, gesündere Verhaltensalternativen zu wählen. Menschen melden sich für einen MBSR-Kurs an, weil sie prophylaktisch nach Wegen der Stressbewältigung suchen oder weil sie bereits krankgeschrieben sind, schlecht schlafen können und sich durch den Kurs stabilisieren und regenerieren wollen. Oft ist auch eine Kombination aus psychotherapeutischer Begleitung und der Teilnahme an einem MBSR-Kurs sinnvoll (Juchmann, 2020).

> **Ziele von MBSR-Kursteilnehmenden sind**
>
> - »Ich möchte wieder besser schlafen.«
> - »Ich wollte immer schon Meditation lernen.«
> - »Ich möchte nicht mehr so viel grübeln.«
> - »Ich möchte zu Gelassenheit und Ruhe finden. »
> - »Ich möchte mich in Stresssituationen anders verhalten können.«
> - »Ich möchte emotional nicht mehr so schnell aufgewirbelt sein.«

Stress ist ein Geschehen, das sowohl die körperliche, emotionale, mentale und auch die behaviorale Ebene betrifft. MBSR hilft dabei, mehr im Körper anzukommen. Die Körperwahrnehmung verbessert sich, körperliche Anzeichen von Stress können frühzeitiger bemerkt werden. Ein tiefes Ausruhen und Regenerieren wird gefördert. Im Körper zu Hause zu sein beruhigt den Geist und verbessert die Emotionsregulation.

An meinen Kursen nehmen auch immer wieder Psychotherapeutinnen, Ärzte und Ärztinnen, Krankenpflegepersonal und Lehrerinnen teil. Sie bauen sich eine eigene Meditationspraxis auf, bringen Selbstfürsorge in ihren Alltag und bemerken die positiven Auswirkungen auch in ihrem Arbeitsfeld.

> Eine Lehrerin sagt zum Kursende: »Ich habe hier die Freundlichkeit zu mir entdeckt und das tut auch meinen Schülern und Schülerinnen gut. Ich bin nicht mehr so gereizt und versuche eine wohlwollendere Atmosphäre zu schaffen.«

> Eine Ärztin meint am zweiten Übungsabend: »Meine Körperwahrnehmung verbessert sich. Ich spüre auch im Arbeitsalltag, wenn ich mich zu verspannen beginne und kann dann meinen Körper lockern, mich strecken.«

> Eine Krankenpflegerin entdeckt durch die Teilnahme am MBSR-Kurs eigene Muster: »Ich habe immer alles erledigt, worum ich gebeten wurde. Ich habe hier im Kurs festgestellt, dass ich Entlastung oft ablehne, weil ich denke, dann werde ich nicht mehr so gebraucht. Es ist nicht einfach, das zuzugeben. Aber ich kann jetzt mit Veränderungen beginnen. Ein wichtiger Schritt ist für mich das Ziehen von Grenzen, ohne dass es so an meinem Selbstbild nagt.«

Die Forschung zu Achtsamkeit, Meditation und auch zu MBSR hat in den letzten Jahren stark zugenommen. Dennoch sind viele Studien durch kleine Stichproben, fehlende aktive Kontrollgruppen und oft nur auf Fragebögen basierende Daten in ihrer Aussagekraft limitiert. Auch die im folgenden zitierten Arbeiten, die im medizinischen, pflegerischen und im schulischen Bereich durchgeführt wurden, weisen teilweise diese Begrenzungen auf. Sie benennen aber wichtige Themen und Fragestellungen, weisen Wirkungen nach und ermutigen zu weiterer Forschung.

Die eigenen Emotionen erkennen und regulieren zu können, ist eine wichtige Fähigkeit im sozialen und medizinischen Bereich. Ein kanadisches Forschungsteam untersuchte die Wirkung von MBSR auf die emotionalen Kompetenzen bei Psychologiestudierenden und bei Angestellten einer pädiatrischen Abteilung für die Behandlung von Hautkrebs (Lamothe et al., 2018). Die Ergebnisse zeigen, dass das MBSR-Training emotionale Kompetenzen stärkt. Besonders das Erkennen und Akzeptieren eigener Emotionen wird gefördert.

Eine Forschungsarbeit aus den Niederlanden untersuchte die Wirkung von MBSR bei Assistenzärzten und -ärztinnen. (Verweij et al., 2017). Die Assistenzarztzeit gilt als eine sehr herausfordernde Phase in der ärztlichen Ausbildung und birgt ein starkes Burnout-Risiko. Die Probanden und Probandinnen, die eine hohe emotionale Erschöpfung vor Interventionsbeginn angaben, profitierten besonders vom MBSR-Kurs. Das Achtsamkeitstraining kann hier möglicherweise einem Burnout vorbeugen.

Anderson (2020) erforschte die Wirkung eines MBSR-Trainings für Pflegepersonal in London. Der Kurs setzte sich aus Präsenzteilen und Videoeinheiten zusammen. Das durch Fragebögen erhobene Stresslevel verringerte sich durch die Kursteilnahme. Die durch Krankheit bedingten Fehltage reduzierten sich allerdings nicht.

Helfen als Beruf ist herausfordernd. Aber auch die Pflege eines Familienangehörigen, der an Demenz leidet, kann sehr belastend sein, das Immunsystem schwächen und zu sozialer Isolation und auch Depressionen und Ängsten führen. Studien zeigen, dass die Gesundheit der pflegenden Angehörigen durch die Teilnahme an einem MBSR-Kurs verbessert werden konnte. Das Stresslevel und depressives Erleben wurden gesenkt. MBSR war dabei einem themenspezifischen, psychoedukativen Training in der Wirkung überlegen (Whitebird et al., 2012).

Der achtsamkeitsbasierte Stressbewältigungskurs ermöglicht eine Schulung von Achtsamkeit und den Aufbau einer kontinuierlichen Meditationspraxis. Individuelle biografische Muster und Lebensthemen können oft besser in begleitenden therapeutischen Gesprächen bewusst gemacht, erkundet und verändert werden (Juchmann, 2020). Beide Herangehensweisen ergänzen sich und können für Menschen in helfenden Berufen stärkend zusammenwirken, wie das nachfolgende Beispiel zeigt.

Die junge Lehrerin, Frau E., leidet unter körperlichen, psychosomatisch mitbedingten Symptomen. In psychotherapeutischen Gesprächen wird deutlich, dass sie in ihrer Herkunftsfamilie ein übergroßes Verantwortungsgefühl für andere Menschen gelernt hat. Die Wahrnehmung der eigenen Bedürfnisse musste negiert oder zurückgestellt werden. Die biografischen Muster können in der Psychotherapie erlebbar gemacht werden. Es wird deutlich, dass sich Frau E. im Schulbetrieb zu sehr mit einzelnen Schülern identifiziert und zu spät eigene Grenzen wahrnimmt. Durch die Teilnahme an einem MBSR-Kurs gelingt es ihr, körperliche Signale frühzeitiger zu spüren und das Zusammenspiel von Gedanken, Gefühlen und Körperempfindungen zu verstehen. Sie baut sich eine regelmäßige Yoga- und Meditationspraxis auf. Besonders profitiert sie von der Kultivierung einer freundlichen, mitfühlenden Haltung zu sich selbst. Die psychosomatischen Beschwerden verschwinden.

Achtsamkeitsbasiertes Vorgehen bei Krebserkrankungen

»In der sehr belastenden Zeit der Chemotherapie haben mir drei Sachen besonders geholfen: Bewegung, Lesen und Meditation.« (eine 45-jährige Ärztin)

Die Diagnose einer Krebserkrankung erschüttert und konfrontiert mit der Endlichkeit der eigenen Existenz. Der Psychologe Lawrence LeShan hat sich über viele Jahrzehnte mit der Mobilisierung der Selbstheilungskräfte von Krebserkrankten beschäftigt und auch dazu geforscht. Schulmedizinische Verfahren, die Umstellung der Ernährung, Bewegung und Psychotherapie können sich dabei sinnvoll ergänzen. Er betont, dass ein individuelles, für die Betroffenen passendes und stimmiges Vorgehen entwickelt werden kann (LeShan, 2018).

Dabei sind folgende Fragen wichtig: Welche Ressourcen stehen zur Verfügung? Was bringt Freude und Energie? Was verleiht Sinn und eine sinnstiftende Ausrichtung im Leben? Was wurde bisher vielleicht noch nicht gelebt?

Durch diese bewusste Form der Selbstreflexion kann aus der Krise der Krebserkrankung ein Wendepunkt werden, der ein erfüllteres Leben ermöglicht. Es besteht die Chance, das Immunsystem durch innere positive Einstellungen und eine sinnvolle Lebensausrichtung zu stärken. Und auch wenn sich der Verlauf der Krebserkrankung nicht immer positiv beeinflussen oder stoppen lässt, so helfen die Selbstheilungskräfte im Umgang mit der Erkrankung. LeShan weist auf die heilsame Wirkung von Meditation hin und ermutigt, gemeinsam mit den Krebspatienten passende Übungen zu finden und eine stimmige Meditationspraxis aufzubauen. Es ist berührend zu lesen, wie LeShan geduldig nach individuellen Therapiemöglichkeiten sucht und dabei auch die eigene Verletzlichkeit nicht ignoriert. Für ihn selbst führte die Arbeit mit Krebsbetroffenen in eine Phase der Erschöpfung. Er nahm sich eine Auszeit und sorgte im Anschluss für eine bessere Balance von Arbeit und Erholung.

Eine Beraterin, die im onkologischen Bereich tätig ist, nimmt an einem MBSR-Kurs teil. Sie findet Zugang zu stärkenden inneren Qualitäten: »Plötzlich tauchten während der Meditation Begriffe wie Freude, Leichtigkeit, Wärme auf und ich war sehr berührt. Mir dieses Wohlwollen selbst zu geben, das tut mir so gut. Ich kann die stärkende Wirkung direkt fühlen. Ich darf entspannen und mit mir freundlich sein, ohne etwas von mir zu fordern.«

Auch Menschen in helfenden Berufen können von einer Krebserkrankung betroffen sein. Fälschlicherweise wird oft von ihnen erwartet, sich bei gesundheitlichen Nöten selbst helfen zu können. Idealisierungen von therapeutischen, pflegenden und medizinischen Berufsgruppen machen möglicherweise blind für deren Belastungen. Wie folgendes Beispiel aus meiner eigenen Praxis zeigt.

Bei Frau M., einer jungen Ärztin, wird eine Krebserkrankung erkannt, die eine Chemotherapie notwendig macht. Sie sagt, dass sie nur bei mir in der Praxis weinen könne, weil sie die Traurigkeit und die sie manchmal überkommende Verzweiflung nicht ihrer Familie zumuten möchte. Die behandelnden medizinischen Fachkräfte loben sie oft, weil sie so tough wirke. Frau M. meint: »Es gibt für mich keinen Raum für meine Gefühle. Alle erwarten, dass ich das schon packe, weil ich ja eine so positive Frau und weil ich vom Fach sei.« Die unterstützenden Gespräche schaffen zunächst einen Raum für die Selbstwahrnehmung. Es gibt die Erlaubnis zu fühlen und eigene Bedürfnisse zu erkennen. Ängste und Gefühle der Überforderung können ausgesprochen, geteilt und verstanden werden. Diese akzeptierende Herangehensweise erlebt Frau M. als entlastend und wegweisend für eine neue bewusste Lebensausrichtung. Sie kann dabei die in einem MBSR-Kurs gelernten Meditationen für sich nutzen. Wir schauen gemeinsam, welche Übungen besonders stärken und unterstützen. Wir meditieren auch immer wieder zusammen in den Sitzungen. Die Erkrankung wird für Frau M. zu einem Wendepunkt.

Aktuelle Forschungsergebnisse zeigen, dass die Teilnahme an einem MBSR-Kurs bei Frauen mit Brustkrebs zu einer Reduktion der erlebten Belastungen führt und sich stärkend auf das Immunsystem auswirkt (Witek-Janusek, Tell & Mathews, 2019). Es wurde ein spezifisches Achtsamkeitstraining als onkologische Nachsorge entwickelt, das die spezifischen Herausforderungen einer Krebserkrankung noch direkter adressiert (Carlson & Speca, 2010).

Auch Menschen mit chronischen Schmerzen suchen immer wieder nach Möglichkeiten, anders mit den Schmerzerfahrungen umzugehen. MBSR reduziert die Gehirnaktivität, die mit Schmerz und emotionaler Regulation assoziiert ist, und kann somit im Umgang mit chronischen neuropathischen Schmerzen helfen (Hatchard et al., 2020).

Ärzte und Ärztinnen führen immer wieder Gespräche, in denen sie schwerwiegende Diagnosen mitteilen müssen. Eine interessante Pilotstudie konnte zeigen, dass eine kurze Achtsamkeitsübung vor einem herausfordernden Gespräch mit einem Krebspatienten das Selbstvertrauen von Assistenzärzten stärkt und auch zu besseren Kommunikationsfähigkeiten führt (Mengin et al., 2020). Es ist davon auszugehen, dass sich dies positiv auf die Arzt-Patient-Beziehung und damit auch auf den Umgang mit der Erkrankung auswirkt.

Achtsamkeitsbasierte Ansätze bei Sucht

Wie wir bereits gesehen haben, hilft MBSR als achtsamkeitsbasiertes Trainingsprogramm im Umgang mit Stress. Auch bei der Entstehung und Aufrechterhaltung von psychischen Erkrankungen wie Ängsten, Depressionen und Sucht spielt Stress eine wichtige Rolle. Die Ausbildung in einem helfenden, therapeutischen oder medizinischen Beruf schützt nicht davor, selbst psychisch zu erkranken und eine Sucht zu entwickeln. Einige Ärzte begegnen Belastungen und psychischen Problemen durch Selbstmedikation, sie verabreichen sich Psychopharmaka und möchten damit vermeiden, eine Patientenrolle einzunehmen (Zwack & Mundle, 2015).

> Eine Frau nimmt Kontakt mit mir auf, weil sie sich Sorgen um ihren Mann macht. Der junge Arzt ist sehr ehrgeizig und möchte sich in seiner Fachrichtung durch viele Veröffentlichungen schnell einen Namen machen. Um den Schichtdienst besser zu verkraften, hat er begonnen, nach dem Nachtdienst zu Schlafmitteln zu greifen. Er möchte zu den »Besten« zählen, wie er in einem ersten Gespräch mit mir äußert. Doch auch die Beziehung zu seiner Frau ist ihm wichtig, er will die Ehe nicht gefährden. Zunächst ist nur dies die Motivation für einige Gespräche. Doch im Verlauf der Zusammenarbeit beginnt der Mediziner, sein Gesundheitsverhalten zu reflektieren. Er verzichtet auf die Selbstmedikation, lernt, Grenzen zu ziehen und kürzere Achtsamkeitsübungen in den Alltag zu integrieren.

Achtsamkeitsübungen und Meditation sind auch in der Suchtbehandlung wirksame Methoden. In der achtsamkeitsbasierten Rückfallprophylaxe bei Substanzabhängigkeit (MBRP) werden Meditationsübungen und bisherige Formen der Suchtbehandlung miteinander verbunden. Sie dient als ambulante Nachsorge, um die Ergebnisse einer stationären Behandlung aufrechtzuerhalten und favorisiert einen mittleren Weg »zwischen Selbstdisziplin und Selbstmitgefühl« (Bowen & Vieten, 2012, S. 19).

MBCT – achtsamkeitsbasierte kognitive Therapie bei Depressionen

Die Techniker Krankenkasse weist in ihrem erstellten Depressionsatlas darauf hin, dass Menschen aus dem Berufsbereich »Gesundheit, Soziales, Lehre und Erziehung« besonders häufig von Depressionen betroffen sind (Techniker Krankenkasse, 2013). Eine erhöhte Suizidalität wird bei Psychologinnen benannt (Hoffmann & Hofmann, 2008). Bei den ärztlichen Berufsgruppen, besonders in den Fachrichtungen der Psychiatrie und Anästhesie, ist die Suizidrate im Vergleich zur Allgemeinbevölkerung erhöht (Zwack & Mundle, 2015).

Depressives Erleben zeigt sich auf der körperlichen Ebene durch Müdigkeit, Antriebslosigkeit, Appetitverlust, Schlafstörungen, auf der emotionalen Ebene durch Freudeverlust und Fühllosigkeit und auf der mentalen Ebene durch Konzentrationsstörungen, negative Gedankeninhalte und leidvolles Grübeln. Tätigkeiten, die eigentlich Freude machen, werden unterlassen, häufig findet ein Rückzug aus dem sozialen Umfeld statt. Leider führen die gewählten Bewältigungsversuche von übermäßigem Denken und Problemlösen, Vermeidung von negativen Emotionen, Selbstabwertung und Rückzug oft zu einer Verschlimmerung der Symptomatik. Somit entsteht ein Teufelskreis.

MBCT ist als achtwöchiger Achtsamkeitskurs zur Rückfallprophylaxe für Menschen mit wiederkehrenden Depressionen konzipiert (Segal, Williams & Teasdale, 2015). Der Gruppenkurs besteht aus acht Treffen und einem Tag der Achtsamkeit. Methoden aus der Verhaltenstherapie werden mit Achtsamkeitsübungen aus dem MBSR-Training verbunden. Forschungsergebnisse zum Rückfallgeschehen bei rezidivierenden Depressionen werden im MBCT-Curriculum berücksichtigt. Das Handout und spezifische Übungen und Meditationen adressieren explizit die Vulnerabilität für depressives Erleben. So lernen die Kursteilnehmenden, sich den herausfordernden Gedanken und Gefühlen zuzuwenden und die Erfahrungsvermeidung aufzugeben. Die Schulung der Körperachtsamkeit durch den Body Scan im Liegen, die Atemmeditation und die achtsame Bewegung bewirkt eine bewusste Verankerung im Körper und damit auch in der Gegenwart. Den aufdringlichen, oft negativen Gedanken kann mit mehr Ruhe und Bewusstheit begegnet werden. Die bessere, freundlichere Selbstwahrnehmung mündet in ein sinnvolleres Handeln. Unliebsame Aufgaben werden nicht mehr so lange aufgeschoben und freudvolles, energiestiftendes Handeln kann wieder mehr gewählt werden und die Stimmung positiv beeinflussen. MBCT wirkt auf der mentalen, emotionalen, körperlichen und auch behavioralen Ebene und kann konstruktive, stärkende Aufwärtsspiralen in Gang bringen. Die Teilnahme an einem MBCT-Kurs schließt sich oft an einen stationären Aufenthalt oder eine ambulante Psychotherapie an (Juchmann, 2020). Manchmal ist es auch sinnvoll, einen MBCT-Kurs parallel zu einem psychotherapeutischen Angebot zu nutzen.

Forschungsergebnisse zeigen, dass MBCT hilft, die Rückfallrate für depressive Episoden zu reduzieren. Durch eine Kursteilnahme kann möglicherweise auch die Medikation verringert werden. Anzeichen von depressivem Erleben werden frühzeitiger erkannt und die Grübelneigung nimmt ab (Goleman & Davidson, 2017; Perestelo-Perez et al., 2017). Studienergebnisse und auch meine eigene Praxiserfahrungen zeigen, dass MBCT auch bei Ängsten und Zwängen wirksam ist.

Für Menschen aus helfenden Berufsgruppen braucht es, meiner Erfahrung nach, oft viel Überwindung, die Signale einer Depression oder Angststörung ernst zu nehmen und sich frühzeitig Hilfe zu holen. In den Vorgesprächen ist es immer wieder wichtig, den Mut zur Offenheit zu würdigen, nicht zu pathologisieren, aber auch nicht zu bagatellisieren. Menschen mit Heilberufen, die an einem MBCT-Kurs teilgenommen haben, erleben das Training als sehr stärkend. Außerdem fließt die Erfahrung oft auch sinnvoll in den Arbeitskontext ein. Kleine Achtsamkeitsübungen werden in den Alltag eingebaut. Es entsteht eine größere Bewusstheit dafür, wie Achtsamkeit am Arbeitsplatz hilfreich sein kann.

> Ein Arzt, der wiederkehrende Depressionen erlebt hatte, äußert nach der Teilnahme an einem MBCT-Kurs: »Meditation ist für mich ein Raum geworden, wo ich auf eine gute Art und Weise mit mir in Kontakt bin. Ich spüre jetzt nach

einigen Wochen das Bedürfnis zu meditieren und bewusst in Verbindung mit mir zu sein.«

Eine Psychotherapeutin erlebt die Mettameditation im MBCT-Kurs als besonders stärkend: »Ich spüre Wärme und Freundlichkeit in mir. Mein Muster ist, es gleich anderen geben zu wollen, es wegzugeben nach außen. Ich hatte hier im Kurs plötzlich die Erkenntnis: Ich darf das ja auch für mich spüren! Ich muss Wohlwollen nicht gleich anderen zur Verfügung stellen. Ich darf freundlich zu mir selbst sein. Es ist wie eine befreiende Erlaubnis.«

Mindful Practice – für den Gesundheitsbereich

In den USA wurde ein Curriculum entwickelt, um die Resilienz und das Wohlergehen von Studierenden der Medizin und ausgebildeten Ärztinnen zu stärken (Krasner, 2016). Das Vorgehen enthält wichtige Themen und Übungen, die für alle im Gesundheitsbereich tätigen Menschen hilfreich sein können: Infos zu Burnout, Wahrnehmungsverzerrungen, Sinnerleben in der Medizin, eigene Grenzen und Selbstfürsorge. Die drei Hauptkomponenten des Trainings bestehen aus Achtsamkeitsmeditation, narrativer Medizin und wertschätzender Kommunikation. Die helfende, heilende Beziehung wird dabei als besonders wichtig erachtet. Die antike Maxime des Tempels von Delphi »Erkenne dich selbst« wird dafür als grundlegend angesehen. Geschult wird Achtsamkeit als Fähigkeit, sich besser wahrnehmen und verstehen zu können, um im Arbeitsfeld nicht automatisch zu reagieren, sondern bewusst und wirksam antworten und handeln zu können. Es werden Body Scan, Sitzmeditation, Gehmeditation und achtsame Bewegung als formelle Meditationen geübt und Achtsamkeitsmethoden inmitten des Alltags angeregt. Das Training betont die Bedeutung des Erzählens und Teilens von Geschichten, die im klinischen Alltag erlebt werden. Die eigenen Werte und Haltungen werden erkundet und beim Zuhören und Erzählen werden eigene Emotionen erfahrbar. Durch die erzählten und damit geteilten Geschichten kann die helfende Beziehung individueller und erfahrungsorientierter betrachtet und verstanden werden. Der persönliche Austausch mit Menschen aus dem gleichen Arbeitsfeld ist entlastend. Doch damit Kommunikation wirklich stärkt, muss sie wertschätzend und ressourcenorientiert erfolgen. Im medizinischen Alltag kann der Austausch über die Arbeit schnell sehr pathologisierend und negativ ausfallen. Im Vorgehen der Mindful Practice wird der Blick auf positive Aspekte der helfenden Beziehung, auf Stärken, Kompetenzen und Erfolge gerichtet. Damit kann sich das eigene Potenzial mehr entfalten und die Arbeitsatmosphäre wird positiver. Ein reflektiertes, bewusstes und im eigenen Selbstvertrauen verankertes Handeln wird möglich. Das Training wurde als ein achtwöchiger Kurs mit zweieinhalbstündigen wöchentlichen Einheiten und einem Tag der Achtsamkeit durchgeführt. Monatliche weiterführende Treffen ermöglichen, die Themen zu vertiefen und dranzubleiben.

Das Vorgehen wurde durch Studien evaluiert (Krasner, 2016). Die Teilnehmenden nannten drei zentrale Wirkkomponenten. Durch die Betonung des Erzählens und der achtsamen Kommunikation reduziert sich das Gefühl der Isolation. Die Entwicklung der Achtsamkeit ermöglicht es, den Patientinnen offener zuzuhören und sie wirksamer zu unterstützen. Und schließlich erlaubt die bessere Selbstwahrnehmung ein selbstfürsorgliches Handeln und persönliches Wachstum.

Der Weg von emotionaler Ansteckung zu Empathie und Mitgefühl

Damit soziale Unterstützung gelingt, ist es wichtig, sich in andere Personen einfühlen zu können. Menschen in helfenden Berufen sind allerdings gefährdet, sich zu sehr mit den negativen Gefühlen anderer zu identifizieren und selbst dabei Schaden zu nehmen und sich zu erschöpfen. Das Einfühlen erfordert ein Mitschwingen mit den Emotionen einer anderen Person. Wir können von der Freude eines anderen Menschen angesteckt werden, aber auch von seiner Traurigkeit. Diese emotionale Ansteckung ist schon bei Babys zu beobachten. Beginnt ein Säugling zu schreien und zu weinen oder auch zu lachen, stimmen andere Babys in der Nähe in das gleiche emotionale Befinden mit ein.

Tania Singer erkundet in ihrer Forschungsarbeit die Unterschiede zwischen emotionaler Ansteckung, Empathie und Mitgefühl. Die Erkenntnisse ihrer Studien sind für Menschen in helfenden Berufen sehr bedeutsam (Singer & Klimecki, 2014). Die emotionale Ansteckung funktioniert automatisch. Es wird dabei nicht zwischen der eigenen Emotion und dem Gefühl der anderen Person unterschieden. Das kann im helfenden Bereich bedeuten, ich spüre eine Traurigkeit, bringe das aber nicht mit meiner Klientin in Verbindung. Empathie braucht das Mitschwingen mit den Emotionen anderer, dabei wird aber bewusst, wer die Urheberin des Gefühls ist. Die Forschung zeigt, dass es sich bei Empathie um einen Zustand handelt, der negative Emotionen und Stress erzeugt und sich gesundheitsgefährdend auswirken kann. Bei einem empathischen Mitschwingen werden im Gehirn Areale aktiviert, die mit Stress und Schmerz assoziiert sind. Wir brauchen diese Fähigkeit der empathischen Einfühlung, um uns in leidvolle Erfahrungen eines Gegenübers hineinversetzen zu können. Wenn wir aber nicht gelernt haben, die schmerzhafte Empathie in ein positives Mitgefühl umzuwandeln, riskieren wir unser eigenes Wohlbefinden und können auch anderen Menschen nicht wirklich helfen. Wir beginnen dann uns vielleicht sogar von Mitmenschen zurückzuziehen und fühlen uns emotional ausgebrannt.

Was ist aber nun Mitgefühl? Mitgefühl wird als ein emotionaler Zustand definiert, der sich auf andere bezieht, mit positiven Gefühlen wie Freundlichkeit, Liebe und Wohlwollen verbunden ist, der Gesundheit fördert und in prosoziales Handeln mündet (Singer & Klimecki, 2014). Der Unterschied zwischen emotionaler Ansteckung, Empathie und Mitgefühl sollte in allen helfenden Berufen vermittelt werden. Viele Forschungsarbeiten zeigen, dass Mitgefühl trainierbar ist und genau das ist für die helfenden Professionen wichtig. Ein Mitgefühlstraining sollte Grundlagen der

Emotionspsychologie und sozialen Neurowissenschaften erfahrbar machen. Durch Übungen und Meditationen lässt sich erkunden, wie sich Empathie anfühlt und wie sich im Kontrast dazu Mitgefühl zeigt. In einer Studie wurde deutlich, dass ein Mitgefühlstraining Menschen dazu befähigt, mit Wärme und Wohlwollen auf das Leiden anderer zu antworten. Gehirnbereiche, die mit positiven Gefühlen, Bindung und mütterlicher Liebe verbunden sind, wurden dabei aktiviert (Klimecki et al., 2012).

In der Praxis kann der Wechsel von emotionaler Ansteckung zu Empathie und Mitgefühl folgendermaßen aussehen. Eine junge Frau ist durch die Trennung des Partners sehr verzweifelt und weint. Sie schluchzt und ich merke, dass mich ihre Verzweiflung emotional berührt. Es tauchen eigene schmerzliche Erinnerungen auf, die ich aber zuordnen kann. Ich kann erkennen, dass meine Gefühle durch die Klientin ausgelöst werden. Dann ist es mir möglich, einen positiven emotionalen Zustand bei mir zu fördern. Ich kann meine Emotionen akzeptierend wahrnehmen und mich wohlwollend und freundlich meinem Gegenüber zuwenden. Ich bin in einem Zustand, der es mir erlaubt, offen zuzuhören und die leidende Frau zu unterstützen.

Das Differenzieren zwischen emotionaler Ansteckung, Empathie und Mitgefühl muss eingeübt werden. Und auch der Wechsel von Empathie zu Mitgefühl kann trainiert werden. Hierfür eignet sich die Mettameditation (Metta = Liebende Güte). In der Mettameditation wird die Kultivierung von positiven Zuständen wie Freundlichkeit, Wohlwollen, Großherzigkeit systematisch eingeübt. Zunächst lernt man, sich selbst diese Qualitäten zukommen zu lassen und sie dann auch anderen Personen zur Verfügung zu stellen. Forschungsergebnisse zeigen, dass Probanden, die die Mettameditation über einen Zeitraum von sieben Wochen üben, von einer Zunahme positiver Gefühle im Alltag berichten (Fredrickson et al., 2008). Die positiven Emotionen führen zu einer freundlicheren Einstellung sich selbst und anderen gegenüber und stärken das eigene Kompetenz- und Resilienzerleben. In einer Übersichtsarbeit konnte nachgewiesen werden, dass die Mettameditation bei Psychotherapeutinnen wie ein Schutz gegen Empathiemüdigkeit wirkt (Bibeau, Dionne & Leblanc, 2015).

Impulse für die eigene Selbstfürsorge

- Schauen Sie sich den Baum der Selbstfürsorge an und erstellen Sie Ihren persönlichen Selbstfürsorgebaum (▶ AB 1). Machen Sie zunächst eine Momentaufnahme, wie Sie es zurzeit erleben. Daraus ergeben sich die ersten Veränderungsimpulse.

Der Weg von emotionaler Ansteckung zu Empathie und Mitgefühl

- Nehmen Sie sich für einen Zeitraum von zwei Wochen täglich morgens und abends Zeit für das Ausfüllen des Selbstwahrnehmungsbogens (▶ AB 2).
- Üben Sie einmal täglich die Meditation des bewussten Innehaltens mit der Audioaufnahme.

2 Die Kunst des Übens – an Hindernissen wachsen

Der Geist des Anfängers

»Im Geist des Anfängers wohnen viele Möglichkeiten, im Geist des Experten nur wenige.« (Shunryu Suzuki)

Es gibt unterschiedliche Beweggründe, mit Meditation zu beginnen. Bei mir gab es schon in der Kindheit eine Begeisterung für Rituale und für feierliche Stimmungen. Zunächst waren es Momente in der Kirche: Kerzen, Gerüche und Gesang, ein buntes Kirchenfenster. Diese besondere Atmosphäre ließ mich andächtig werden, Stille, Präsenz und Verbundenheit spüren. Ich hatte das Bedürfnis nach einer äußeren Kraft, einem Gegenüber, das mir zuhört und an das ich mich immer wenden kann. Auch die Natur war und ist seit Kindheitstagen für mich ein Raum für stille Besinnung und Verbundenheit. Schon immer war ich ein Morgenmensch und liebte es, früh aufzustehen, bei Kerzenschein zu lesen oder rauszuschauen.

Meine erste angeleitete Meditationserfahrung habe ich als Jugendliche in einem Benediktinerkloster erlebt. Ich saß auf einer Sitzbank und wurde ermutigt, mich der Stille und dem Atem anzuvertrauen. Der Wunsch nach morgendlicher Ruhe und Einkehr begleitet mich mein Leben lang. Es ist für mich die schönste, beglückendste Art in den Tag zu starten. Aus den kirchlichen Zusammenhängen bin ich herausgewachsen. Aber die Sehnsucht nach dem Einklang der Kindheit hat mit dazu beigetragen, mich der Meditation zuzuwenden. Die Suche nach einem Gegenüber im außen hat sich nach innen verlagert. So wird der japanische Zen Meister Dogen Zenji mit den Worten zitiert: »Etwas lernen, heißt sich selbst erkennen; den Buddhismus studieren, heißt sich selbst studieren« (Zuzuki, 2016, S. 137).

Menschen, die mit dem Meditieren beginnen möchten, tragen vielleicht schon einen lang gehegten Herzenswunsch, möglicherweise Erfahrungen aus der Kindheit in sich, an die sie anknüpfen möchten. Ein weiterer Beweggrund, mit der Meditation zu starten, kann der Wunsch nach Selbstfürsorge sein, das Bedürfnis nach Entspannung und Wohlergehen. Menschen, die zu einem achtsamkeitsbasierten Stressbewältigungskurs (MBSR) zu mir kommen, äußern oft, dass sie vorbeugen wollen. Sie spüren die Notwendigkeit, etwas für sich tun zu müssen. Häufig wenden sich Personen der Meditation nach einer gesundheitlichen oder existenziellen Krise zu. Sie werden durch eine Erschütterung wachgerüttelt und erhoffen sich durch das Meditieren Stabilität, Orientierung und eine bessere Lebensqualität. Der amerikanische Meditationslehrer Jack Kornfield meint, dass in der Menschheitsgeschichte oft leidhafte Erfahrungen ein starker Antrieb für eine beginnende Suche waren. Er verweist darauf, dass sich der Prinz Siddharta, der zukünftige Buddha, durch die Begegnung mit den »himmlischen Boten« – Alter, Krankheit, Tod und einem Wandermönch – aufgerufen sah, sich selbst auf den Weg zu machen (Kornfield, 2001). Menschen in helfenden Berufen kommen oft zur Meditation, weil sie erschöpft sind und die Verbindung zu sich verloren haben. Manchmal gibt es erste Initialzündungen durch ein Seminar, ein Buch, einen Vortrag, durch inspirierende Menschen. Einige beginnen mit einer App und bemerken, dass ihnen ein bewusstes Innehalten guttut. Mit Meditation anzufangen und dann auch wirklich zu üben und dabei zu bleiben, braucht Entschlossenheit, Mut und auch Disziplin.

Im Buddhismus wird von der heilsamen inneren Haltung des »Anfängergeistes« gesprochen (Zuzuki, 2016, S. 22). Damit ist eine Geistesqualität gemeint, die sich mit Frische und Offenheit dem Neuen zuwendet und auch dem Altvertrauten mit Neugier begegnet. Der Anfängergeist lässt uns offen wie ein Kind in die Welt sehen und spielerisch mit der Meditation beginnen.

Die Kraft der Achtsamkeitsmeditation

>»Meditieren heißt nicht, uns selbst zu verwerfen und etwas Besseres werden zu wollen. Vielmehr geht es darum, uns mit dem Menschen anzufreunden, der wir bereits sind.« (Pema Chödrön)

Die Frische des Anfängergeistes können wir gut nutzen, um zu erkunden, welche Vorstellungen wir über Meditation haben. Vor jedem MBSR-Kurs gibt es ein Vorgespräch. In diesem ersten Austausch geht es um ein Kennenlernen, darum, den Fragen und Erwartungen Raum zu geben. Es ist wichtig, darüber zu informieren, was Meditation ist, wie sie wirkt und welche Risiken und Nebenwirkungen das Meditieren haben kann. Oft existieren, durch die Medien hervorgerufene Bilder von Meditation: Mönche in farbigen Roben, sportliche junge Frauen in Meditationspose an einem See oder in einer Berglandschaft. Als erste Assoziationen tauchen möglicherweise Räucherstäbchen oder monotone Gesänge auf. Hilfreich ist es, sich dieser Bilder und der damit verbundenen Annahmen und Erwartungen bewusst zu werden. Welche Vorstellungen haben Sie bezüglich Meditation? Welche Assoziationen tauchen bei Ihnen auf? Was zieht Sie an und interessiert, was stößt Sie eher ab?

Irreführende Vorannahmen gilt es zu beleuchten. Da gibt es die Befürchtung oder auch die Hoffnung, Meditation sei etwas Esoterisches, ein Zauber, ein Allheilmittel. Meditation wird als Religion missverstanden oder als etwas Magisches, Unerklärbares. Einige sehen Meditation als eine Art Sport und haben die Erwartung, dadurch leistungsfähiger zu werden und sich selbst zu optimieren. Es kann die Illusion existieren, Meditation sei sehr leicht zu erlernen. Vielleicht besteht die Annahme, es würde nur um Wohlbefinden und Entspannung gehen. Schwierigkeiten sind dann nicht vorgesehen und werden nicht erwartet, was schnell zu einer Enttäuschung führen kann. Die folgende Übersicht versucht, die wichtigsten Merkmale von Achtsamkeitsmeditation zusammen zu stellen.

> **Achtsamkeitsmeditation**
>
> - ist in buddhistischer Tradition verwurzelt
> - säkular erlernbar
> - lässt sich systematisch durch Methoden üben
> - ist ein Übungsweg, mit möglichst täglicher Übungspraxis
> - beinhaltet Haltungen von Geduld, Freundlichkeit und Neugier
> - ist als Schulung zu verstehen, die Geist, Herz und Körper in Verbindung bringt
> - stärkt die innere Urteilskraft und Unterscheidungsfähigkeit
> - lässt erkennen, was guttut und was schädigt
> - macht Muster und Gewohnheiten sichtbar
> - ermutigt, sich auch den Herausforderungen und Verletzungen bewusst zuzuwenden
> - fördert Selbstwahrnehmung und Selbstannahme

Natürlich kann man einfach mit dem vorliegenden Buch und den Audiodateien zu üben beginnen. Und für viele Menschen bieten Bücher, Apps und Vorträge einen inspirierenden Einstieg in das Praktizieren von Meditation. Doch auch Vorsicht ist geboten. Meditation will und kann medizinische oder therapeutische Angebote nicht ersetzen. Es braucht eine psychische Stabilität, um sich der eigenen Erfahrung in der Meditation bewusst zuzuwenden und sich auch mit dem Schwierigen zu konfrontieren. Deshalb ist davon abzuraten, mit der Meditation in einer überfordernden, krisenhaften Situation zu beginnen. Bei psychotischen Vorerfahrungen können besonders längere Meditationen und Zeiten in Stille zu sehr destabilisieren. Für Menschen mit psychotischen Erkrankungen sind kurze Achtsamkeitsübungen sinnvoller (Böge & Hahn, 2021). Bei einer bestehenden Sucht ist es zunächst nötig, sich diesem Thema zuzuwenden und eine Abstinenz oder einen kontrollierten Umgang mit dem Suchtmittel zu erreichen. Dann kann Meditation sehr hilfreich sein. Die Vermittlung durch qualifizierte und erfahrene Lehrende gewährt Halt und Orientierung. Das Lernen in einem angeleiteten Kurs, in einer Gruppe bietet die Möglichkeit für Austausch über die Übungserfahrungen. Risiken, Gefahren und Chancen sollten also im Vorfeld gut abgewogen werden.

Neue Gewohnheiten kultivieren

> »Meditation ist Zähneputzen für das Gehirn.«

Die meisten Kinder putzen sich nicht gerne die Zähne. Sie möchten lieber abends noch spielen, noch ein Stück Schokolade essen. Das Zähneputzen muss gelernt und als Gewohnheit etabliert werden. Dann entsteht erst mit der Zeit das Bedürfnis, sich die Zähne putzen zu wollen. Wenn wir später als Erwachsene verreisen und die Zahnbürste vergessen haben, werden wir vermutlich sehr schnell eine neue kaufen. Das Zähneputzen ist fester Bestandteil unserer morgendlichen und abendlichen Routine geworden. Doch welche Selbstfürsorge, welche Hygiene haben wir für unseren Geist, für unser Gemüt entwickelt? Wir können uns nach dem Verlassen der

Klinikstation die Hände desinfizieren und zu Hause die Hände waschen oder duschen, um den Übergang in die Freizeit zu markieren. Was tun wir aber für unsere mentale und emotionale Entlastung?

Die Psychohygiene braucht wie das Zähneputzen ein Lernen am Modell. Der Mensch wird oft als ein Gewohnheitstier bezeichnet. Auch unser Gesundheitsverhalten ist von automatisierten Mustern geprägt, die mitbestimmen was und wie viel wir essen, ob und welchen Sport wir treiben, wie wir Pausen machen. All das ist gelernt und durch unzählige Wiederholungen fest verankert. Deshalb tun wir uns auch oft mit Gewohnheitsumstellungen und dem Aufbau neuer Verhaltensweisen schwer. Routinen helfen, Energie zu sparen, wir brauchen uns nicht immer wieder neu zu entscheiden, sondern greifen auf Altbekanntes, gut Eingeübtes und Vertrautes zurück. Wir wohnen sprichwörtlich in unseren Mustern, wir haben uns eingerichtet und es uns bequem gemacht. Das ist sinnvoll, wenn die Gewohnheiten entlasten und dabei helfen, das Leben zu führen, das wir führen möchten. Doch festgefahrene Verhaltensweisen können auch einschränken, begrenzen, können uns gesundheitlich und in unserer persönlichen Entwicklung schaden.

Wir identifizieren uns und verschmelzen mit unseren Routinen. Das, was wir tun, formt uns, wir werden zu dem, was wir wiederholen. Gewohntes Verhalten und Denk- und Fühlmuster laufen dann automatisch ab, ohne überprüft zu werden. Das spart Energie, birgt aber die Gefahr, weiterhin etwas zu tun, obwohl es gar nicht mehr passt. Dryden bringt dies im folgenden Zitat treffend auf den Punkt:

> »Zuerst erschaffen wir unsere Gewohnheiten, dann erschaffen Sie uns.« (John Dryden, zitiert durch Spenst, 2020, S. 25)

Bewusstheit ist hier der hilfreiche Schlüssel. Es braucht immer wieder ein reflexives Innehalten, um zu erkennen, was nicht mehr passt und vielleicht sogar schädigt. Diese Überprüfung ist ein erster wichtiger Schritt. Doch Gewohnheiten können hartnäckig sein. Gerade in herausfordernden Phasen, in Stresszeiten schleichen sich alte Bewältigungsstrategien, zum Beispiel zu viel oder zu wenig zu essen, übermäßig im Internet zu surfen oder zu lange aufzubleiben, wieder ein oder verstärken sich.

> Eine 30-jährige Sozialpädagogin sagt an einem Meditationsabend: »Ich konnte das in der letzten Woche sehr deutlich beobachten. Abends war ich so müde nach der Arbeit, dass ich mich plötzlich vor dem Bildschirm wieder fand und eine Serie nach der anderen schaute. Obwohl ich weiß, dass es mir gar nicht guttut und ich mich hinterher über mich ärgere. Aber es wird mir bewusster und die Meditation hilft mir oft, bevor ich in Automatismen versinke, zu bremsen und dann etwas wirklich Stärkendes zu wählen. Aber das ist zunächst ganz schön anstrengend.«

Warum tun wir etwas, das wir eigentlich nicht mehr tun möchten? Gewohnheitsmäßiges Verhalten wird leider oft sofort positiv verstärkt. Durch das Essen von Süßigkeiten oder durch ein Glas Wein wird unser Belohnungssystem im Gehirn aktiviert. Das Aufschieben herausfordernder Arbeiten hilft, Spannungszustände und Ängste zu vermeiden, und es stellt sich zunächst eine Entlastung ein. Diesem gewohnheitsmäßigen Verhalten liegt der Wunsch nach Wohlergehen zugrunde. Durch die Wiederholung einer Handlung, zum Beispiel Serien am Feierabend zu schauen, wird das Belohnungssystem angeregt und es entsteht der wiederkehrende Wunsch nach Ablenkung. Das Öffnen der Wohnungstür kann dann schon zu einem Auslösereiz für das Verlangen und das Verhalten werden. Die Erwartung einer Gelegenheit, die Vorfreude kann bereits die Ausschüttung des mit Belohnung assoziierten Neurotransmitters Dopamin aktivieren und somit das Verlangen noch verstärken (Brewer, 2018). Ein sich selbst aufrechterhaltender Kreislauf entsteht. Diese Mechanismen wollen auch bei der Reflexion des eigenen Gesundheitsverhaltens und der Selbstfürsorge berücksichtigt werden.

Gewohnheitsmuster überprüfen

- **Innehalten und sich Zeit nehmen zum Reflektieren** (Welche Selbstfürsorgestrategien sind gut für Sie und welche nicht? Schauen Sie sich dabei konkretes Verhalten an.)
- **Kurzfristige und langfristige Konsequenzen in den Blick nehmen** (Die Süßigkeiten schmecken erst sehr gut, langfristig führen sie zu einer Gewichtszunahme. Das Surfen im Internet lässt die Anspannung zunächst vergessen, doch dann fehlt die Motivation, wichtige Dinge anzugehen.)
- **Bedürfnisse wahrnehmen und erkennen** (Es geht darum, immer wieder zu überprüfen, welches Bedürfnis hinter dem Verhalten steht. Dient das Stück Schokolade als Trost oder zur Entspannung? Lenkt die Serie von dem Gefühl der eigenen Einsamkeit ab?)
- **Klärung der eigenen Werte** (Welche Werte sind wichtig und wollen gelebt werden, z. B. Gesundheit, Kreativität, Verbundenheit? Und sorgen die Gewohnheiten dafür, diesen Werten zu folgen?)

Weil die Gewohnheiten oft automatisiert ablaufen, sind diese bewussten und reflexiven Schritte so bedeutsam. Das Verhalten wird beleuchtet und somit aus dem Nebel der Routine herausgeholt. Es lohnt sich, genauer hinzuschauen. Dabei kann der schon benannte Anfängergeist helfen, sich wirklich zu interessieren, neugierig auf das Vertraute und Eingeschliffene zu werden.

Charles Duhigg ermutigt in seinem Buch »Die Macht der Gewohnheit« zum bewussten, spielerischen Erkunden der eigenen Muster (Duhigg, 2012). Er plädiert dafür, zunächst nur eine Gewohnheit, die man verändern möchte, zu betrachten. Und er rät, den Auslösereiz zu identifizieren und zu erkennen, welche Erfahrung der Routine vorausgeht. Das ermöglicht, dem zugrundeliegenden Bedürfnis auf die Spur zu kommen. Es wird deutlich, wie das gewohnheitsmäßige Verhalten dieses Verlangen stillt, welche Belohnung es gewährt. Nun kann mit alternativen Verhaltensweisen experimentiert werden. Bei Ermüdung und dem Bedürfnis nach Entspannung ließe sich eine Pause machen und ein Tee trinken, anstatt im Internet zu surfen. Aus diesem bewussten Ausprobieren können dann neue wohltuende Gewohnheiten aufgebaut werden, die wir bewusst wiederholen. Auch das Aufstellen eines Planes und einer Struktur ist dabei oft hilfreich. So kann der Vorsatz sinnvoll sein, eine Stunde konzentriert an einem Text zu arbeiten und dann eine zehnminütige Pause einzulegen, in der man sich streckt und sich in der Wohnung oder am Arbeitsplatz etwas bewegt, aufsteht, herumgeht. Und genau das werde ich jetzt tun. Ich unterbreche mein Schreiben, spüre dass sich meine Schultern verspannt haben und stehe jetzt auf. Dies gewährt auch Ihnen beim Lesen die Möglichkeit, innezuhalten, eine bewusste Pause zu machen und eine kleine Tätigkeit vorzunehmen, die Ihnen jetzt in diesem Moment guttut und möglichst keine schädigenden Nebenwirkungen hat.

Die Strahlkraft der Schlüsselgewohnheit

Es gibt nicht ein Rezept für alle Formen von Verhaltensänderungen. Vielmehr ist es notwendig, immer wieder genau und individuell hinzuschauen. So erfordert das Verändern der Essgewohnheiten möglicherweise etwas anderes als die Neugestaltung der Pausenzeiten am Arbeitsplatz. Dabei ist das Etablieren von Schlüsselgewohnheiten in jedem Fall entscheidend. Eine Schlüsselgewohnheit ist eine Routine, die recht schnell zu »kleinen Gewinnen« führt und eine wohltuende Kettenreaktion zur Folge hat (Duhigg, 2012, S. 148). Studien haben gezeigt, dass das tägliche Kultivieren von Dankbarkeit viele positive Effekte nach sich zieht. Wer regelmäßig notiert, wofür Dankbarkeit empfunden wird, stärkt das Selbstwertgefühl, kann besser mit Stress umgehen und bereichert die sozialen Beziehungen (Emmons & McCullough, 2003). Das, was Aufmerksamkeit bekommt, wird gestärkt, wie der englische Ausdruck »Energy flows where attention goes« verdeutlicht. Eine Schlüsselgewohnheit fördert etwas Grundlegendes. Eine kleine Verhaltensänderung führt zu großen Wirkungen, weil sie an einer entscheidenden Stelle ansetzt. Das tägliche Aufschreiben von Momenten, für die wir dankbar sind, richtet unsere Aufmerksamkeit auf etwas Positives und führt zu einem Erleben von Wertschätzung. Ein positiver Dominostein wird angestoßen und gibt den nächsten stärkenden Dominosteinen einen Impuls. Somit bewirkt eine kleine Verhaltensänderung weitreichende Effekte.

Deshalb ist die Wahrnehmung von Momenten der Dankbarkeit wie auch der Aspekt der Vorfreude, ein Teil des Selbstfürsorgebogens, den Sie im Anhang finden. Eine Perspektivänderung geschieht, die eine Strahlkraft entfaltet. Diese kann sich dann auf andere Bereiche ausbreiten.

Beispiele für weitere Schlüsselgewohnheiten sind: Sport, Lesen und ein Tagebuch führen (Spenst, 2020). Auch das Erlernen von Meditation wird als Schlüsselgewohnheit eingeschätzt. Das leuchtet sofort ein. Das Ziel von Meditation ist die Schulung des Geistes, es geht um zunehmende Selbstwahrnehmung und Bewusstheit. Dies sind alles Basiskompetenzen, die in vielen Bereichen positive Veränderungen anstoßen können.

Am Abschlussabend eines MBSR-Kurses tauschten sich die Teilnehmenden über die Wirkungen des regelmäßigen Meditierens aus. Einige von ihnen hatten nicht nur Meditieren gelernt, sondern auch wichtige Entscheidungen getroffen, zum

Beispiel den Job gewechselt. Sie waren sich einig, dass sie sich bereits durch die Anmeldung zum Kurs für Veränderungen geöffnet hatten. Das Meditieren stärkte die Selbstwahrnehmung und förderte auch ein entschiedeneres Handeln. So konnte Meditation einen wichtigen Beitrag zur Selbstentwicklung leisten und Veränderungen in unterschiedlichen Lebensbereichen anstoßen.

Das macht doch neugierig, selbst mit dem Meditieren zu beginnen. Wir wollen nun sehen, wie es gelingt, eine möglichst tägliche, kontinuierliche Meditationspraxis aufzubauen und aufrechtzuerhalten.

Der Aufbau einer Meditationspraxis – Die Kunst des Übens

»In der Wohnung habe ich mir einen schönen Ort für meine Meditation eingerichtet. Alles liegt dort bereit, Kissen, Yogamatte und Decke. Es ist so, als würde der Platz mich einladen zum Üben. Ich habe auch bemerkt, dass mir das Meditieren morgens besonders guttut. Dann starte ich viel ruhiger und bewusster in den Tag.« (eine Kursteilnehmerin)

Das Leben ist ein kontinuierlicher Lernprozess. Kinder lernen sprechen, gehen, sich selbst anziehen. Sie lernen es durch Nachahmung Erwachsener und Gleichaltriger, durch Erforschen und Ausprobieren, durch Nachfragen und durch unermüdliches Wiederholen. Lernen ist ein lebenslanger Prozess und beinhaltet die Kunst des Übens.

Die Reflexion eigener Übungserfahrungen

- Was haben Sie denn schon einmal über einen längeren Zeitraum geübt?
- Welche Erfahrungen haben Sie gemacht beim Erlernen einer Fremdsprache, eines Instrumentes oder einer Sportart?
- Was hat Ihnen geholfen zu üben und was hat Sie daran gehindert?
- Wie sind Sie mit Lustlosigkeit umgegangen?
- Hatten Sie eine Lehrerin oder haben Sie autodidaktisch gelernt?
- Welche Zugänge haben Sie zum Lernen? Lernen Sie gut auditiv, visuell, über den Körper oder mehr durch Nachahmung?
- Wie sehen schöne Lernerfahrungen aus, die Sie beglückt und erfüllt haben?
- Gab es Erfahrungen von Zurechtweisung und Kritik im Sinne von »Du bist unbegabt.«, »Das lernst du nie.«? Oder Ermutigungen wie »Das lohnt sich.«, »Probiere aus, ob es dir Spaß macht.«, »Du kannst das.« Wie haben sich diese Kommentare ausgewirkt?

Es gilt, herauszufinden, welche Aspekte das Lernen fördern und was demotiviert und abschreckt. Dabei ist nicht nur das Inhaltliche wichtig, sondern sehr entscheidend ist auch die Art und Weise wie gelernt wird. Die Methodik des Übens und die Inhalte gehen bestenfalls Hand in Hand und sind aufeinander bezogen. Manchmal ist es dafür sehr unterstützend, eine lehrende Person zur Seite zu haben, die die Inhalte kennt, aber auch weiß, wie sie zu üben sind. Wir haben das wahrscheinlich alle schon erlebt, jemand kann gut tanzen, weiß es aber nicht zu vermitteln. Dieses Buch kann keine Mentorin ersetzen, aber vielleicht eine erste Unterstützung zum Aufbau einer Meditationspraxis sein.

> **Anregungen zum Aufbau einer Meditationspraxis (▶ AB 3 im Anhang)**
>
> - **Die Vereinbarung mit sich selbst:** Machen Sie sich Ihre Ziele deutlich und treffen Sie eine Vereinbarung mit sich selbst.
> - **Zeit einplanen:** Planen Sie die Woche und tragen Sie feste Zeiten für die Meditationspraxis in Ihren Kalender ein. Am besten üben Sie täglich und bauen damit eine kontinuierliche Übungspraxis auf. Für viele ist eine meditative Morgenroutine eine gute Ausrichtung für den Tag.
> - **Positive Rahmung:** Manchmal wird die Zeit des Übens als Pflicht gesehen. Diese Haltung erschwert das Üben und erzeugt unnötigen Widerstand. Finden Sie deshalb eine positive motivierende Bezeichnung für Ihre Übungszeit: als Zeit für sich, als Freiraum, als Erfrischung oder als Urlaub im Alltag.
> - **Was und wie üben:** Folgen Sie dem Kursverlauf im Dritten Kapitel. Es wird dort mit der Schulung der Körperachtsamkeit begonnen. Entscheidend ist die Kontinuität. Üben Sie täglich mit den Audioaufnahmen und pausieren Sie an einem Tag in der Woche.
> - **Einen Platz einrichten:** Schaffen Sie sich einen angenehmen Platz zum Üben. Ein bequemes Sofa, ein weicher Teppich oder eine Yogamatte sind passend bei den Meditationen im Liegen. Die achtsamen Bewegungsübungen können überall im Stehen durchgeführt werden. Für die Sitzmeditation eignet sich ein Stuhl oder ein Meditationskissen. Vielleicht macht eine Blume, eine Kerze den Übungsplatz noch einladender. Ein schön gestalteter Übungsplatz kann uns motivieren zu üben.
> - **Die Audioanleitung:** Zu Beginn üben Sie mit den Audiodateien. Durch die Anleitungen bekommen Sie Impulse für das Üben. Später, wenn Ihnen die Meditationen vertraut sind, können Sie ohne Anleitung üben.
> - **Einfach üben:** Wichtig ist, mit dem Üben zu beginnen und es einfach zu tun. Aus dem Handeln und der kontinuierlichen Wiederholung entwickeln sich neue, förderliche Gewohnheiten. Am Anfang braucht es etwas mehr Energie, dann werden Sie sich daran gewöhnen und es als festen Bestandteil Ihres Tages erleben.
> - **Die innere Haltung:** Die innere Einstellung beim Üben ist zentral. Für das Meditieren sind der schon benannte Anfängergeist und die damit verbundene Neugier und Offenheit hilfreich. Außerdem braucht es Freundlichkeit und Wohlwollen statt Verbissenheit und Strenge.

- **Die Gemeinschaft:** Das Üben in einer Gruppe oder mit einer Freundin oder Kollegin motiviert und ermöglicht, sich über die Erfahrungen auszutauschen.
- **Die Reflexion:** Es ist hilfreich, sich ein Meditationstagebuch zuzulegen und die Erfahrungen kurz zu dokumentieren. Das motiviert und macht den Übungsweg sichtbar. Nehmen Sie sich wöchentlich etwas Zeit, um zu reflektieren. Sie finden dazu anregende Fragen am Ende jeder Übungswoche.

Der Aufbau gut etablierter Gewohnheiten und eine präzise Vorbereitung sind die Voraussetzung von gelingenden Expeditionen. Der Autor und Verleger Erling Kagge, der auf dem Weg zum Nord- und Südpol seinen Schlitten selbst hinter sich hergezogen hat, zeigt in seinem Buch »Philosophie für Abenteurer«, wie wichtig und haltgebend Gewohnheiten sind (Kagge, 2020). Besonders während herausfordernder Reiseetappen, in denen er sich unter Druck fühlte, gaben ihm die gut eingespielten Routinen Sicherheit und trugen letztlich zum Gelingen bei.

Wir können Meditation als eine innere Reise, ein inneres Abenteuer verstehen, bei dem es gilt, geschickt mit Herausforderungen umzugehen und an ihnen zu wachen. Wie das gelingt, schauen wir uns jetzt gemeinsam an.

An Hindernissen wachsen – ohne Schlamm kein Lotos

> Ein Teilnehmer, der im medizinischen Bereich tätig ist, stellt an einem der ersten Kursabende mit einem Augenzwinkern folgende Frage: »Wie lange dauert es denn, bis das Meditieren Spaß macht?« Die anderen Teilnehmenden müssen alle schmunzeln, weil sie schon erfahren haben, dass der Start herausfordernd ist.

Etwas zu lernen ist immer auch mit Bemühungen, Disziplin und mit Anstrengung verbunden. Manchmal fällt der Anfang leicht, weil das Neue interessant ist und sofort Freude macht. Vielleicht ist aber auch schon der Beginn mit Schwierigkeiten verbunden, die überwunden werden wollen. Das Bild der Lotosblume, die aus dem Schlamm wächst und wunderbar blüht, erinnert daran, dass Herausforderungen und Freude über das Wachstum untrennbar miteinander verbunden sind. So ist es auch beim Erlernen von Meditation gut, mit Hürden zu rechnen. Dann ist man nicht enttäuscht, wenn sie sich zeigen, und kann dranbleiben, weil man weiß, dass sich dieses Engagement lohnt. So wie die Seerose den Schlamm braucht, so sind die Herausforderungen auf dem Weg der Selbsterkenntnis unerlässlich. Meditation macht die Hindernisse spürbarer, liefert aber auch die Heilmittel für deren Überwindung gleich mit.

Wenn wir durch die Meditation lernen, innezuhalten und uns bewusst wahrzunehmen, dann fällt uns auf, wie viel wir denken. Es wird sichtbar, wie schwer wir uns tun, still zu sitzen und uns auf den Atem zu fokussieren. Im Buddhismus wird der menschliche Geist mit einer Horde Affen verglichen, die unruhig, immer auf dem Sprung ist. Meditation ermöglicht, klarer zu sehen und wahrzunehmen, dass viele der Sorgen unnötig sind und heftige innere Reaktionen uns schwer zur Ruhe kommen lassen. Wir bemerken, dass wir viel bewerten und vielleicht auch entwerten und häufig unzufrieden sind mit der gegenwärtigen Situation. All dies zu erkennen, kommt einer Konfrontation gleich, die wir oft scheuen. Wir sind gewohnt, uns dann abzulenken oder etwas zu tun, um das Schwierige zu unterdrücken oder aufzulösen. Meditation kann aber zu einer Lehrmeisterin werden, die uns etwas Neues und Fundamentales zeigt. Durch die bewusste Selbstwahrnehmung wächst das Vertrauen in unsere Fähigkeiten. Wir lernen uns kennen und üben uns darin, dem Schwierigen nicht auszuweichen, sondern es anzuschauen und zu verstehen.

Die fünf Hindernisse

Aus buddhistischer Sicht gibt es fünf Hindernisse, »geistige Gewohnheiten«, die zu einem meditativen Übungsweg dazugehören (Mannschatz, 2007, S. 8). Die fünf Herausforderungen sind Trägheit, Unruhe, Verlangen, Ablehnung und Zweifel. Trägheit zeigt sich als Müdigkeit und Erschöpfung aber auch als Antriebslosigkeit und Bequemlichkeit. Zum Üben ist es wichtig, die Trägheit zu überwinden und Energie für Selbstfürsorge einzusetzen. Es gilt zu unterscheiden, wann es Schlaf braucht und wann ein meditatives Üben, achtsame Bewegung oder ein beherztes Tun heilsamer sind. In der Meditation will eine Balance zwischen Entspanntheit und Wachheit ausgelotet werden. Sind wir zu entspannt, dann schlafen wir vielleicht ein. Sind wir aber zu motiviert, dann überwiegt eine Anspannung und eine Zielfixierung.

Viele Kursteilnehmende erfahren in der Meditation eine innere Unruhe als unangenehm und belastend. Das Hindernis der Unruhe zeigt sich als Rastlosigkeit in Körper und Geist. Ein ruhiges Sitzen oder Liegen erscheint unmöglich, ja quälend. Meditierende haben dann sogar Angst vor dem Üben, weil sie diese Unruhe gar nicht erleben wollen. Sie haben schon zu Beginn den Eindruck, nicht begabt zu sein für Meditation, anstatt zu sehen, dass diese Herausforderungen zum Lernprozess dazugehören. Es ist etwas paradox, Meditation hilft, den Geist zu beruhigen, bringt aber auch in Kontakt mit der inneren Ruhelosigkeit. Anfängerinnen sind manchmal davon überrascht und wissen noch nicht mit den vielen Gedanken und der Sprunghaftigkeit des Geistes umzugehen. Zumal diese innere Rastlosigkeit im Alltag durch viel Medienkonsum, unermüdliches Tätigsein und eine permanente Zielorientierung gefüttert wird und oft gar nicht mehr bewusst ist. Unruhe ist zu einem Normalzustand geworden. Doch wenn wir anhalten, wissen wir nicht mit den inneren Turbulenzen umzugehen.

Wir streben nach angenehmen Erfahrungen und wollen Schönes, Erfüllendes, Zufriedenstellendes erleben. Und wenn das Angenehme da ist, möchten wir, dass es bleibt, wir tendieren dazu, es festhalten zu wollen. Hierin zeigt sich das Hindernis des Verlangens. Wir haben es bereits im Zusammenhang mit Gewohnheitsbildung und Sucht kennengelernt. Verhalten, das zu einem positiven Erleben führt, wird belohnt und dadurch verstärkt, obwohl es möglicherweise langfristig negative Konsequenzen hat. Selbstfürsorgemethoden zu lernen und zu üben, ist oft nicht sofort angenehm. Die Belohnung erfolgt nicht unmittelbar. Wenn wir mit dem Meditieren beginnen, braucht es so etwas wie Vorschussvertrauen, dass sich die positiven Wirkungen in Zukunft zeigen werden. Auf dem meditativen Übungsweg sollten wir uns auch nicht abhängig davon machen, wie die einzelne Meditation läuft, sondern uns dafür öffnen, wie sich der gesamte Prozess des Übens entwickelt. Verlangen macht zu zielorientiert, engt die Wahrnehmung ein und verhindert, sich auf den gegenwärtigen Moment und die Erfahrung, so wie sie sich gerade zeigt, einzulassen. Wir wünschen uns sofortige Ruhe, sind ungeduldig, möchten schneller vorankommen. Vielleicht versuchen wir auch, die Übungsbedingungen oder uns zu optimieren. Wir haben ein Ideal im Kopf, eine Vorstellung, der wir hinterherlaufen. Das ist ein Stolperstein auf dem meditativen Lernweg, den es zu meistern gilt.

Genauso wie die gierige Suche nach dem Angenehmen hinderlich ist, so ist auch die Ablehnung, der Widerstand eine Hürde, die sich uns in den Weg stellt. Unangenehmes wird als störend empfunden, es soll anders sein, als es im Moment ist. Ein Kampf mit den unliebsamen Gedanken beginnt. Die Stimme der Anleiterin wird abgelehnt. Die Temperatur im Raum erscheint zu kalt oder zu warm, der Schmerz im Rücken stört, der Nachbar hört zu laut Musik. Es gibt immer etwas, das vielleicht nicht so ist, wie wir es uns wünschen. Während wir beim Hindernis der Ablehnung ein klares inneres Nein spüren, zeigt sich die Herausforderung des Zweifels als Unentschiedenheit.

Als fünftes Hindernis macht sich der Zweifel in einem Hin – und Her, einer Unentschlossenheit bemerkbar. Es handelt sich hierbei nicht um einen produktiven Zweifel, der Reflexion und Selbsterkenntnis fördert. Vielmehr führt das nagende Abwägen im Kreis herum und schwächt. Bezogen auf das Üben lässt der Zweifel zögern. Der Zeitpunkt für die Meditation scheint nicht geeignet, man beginnt nicht mit dem Üben und tut stattdessen etwas anderes. Es gibt kein Vertrauen in die Wirkung der Methode und kein Zutrauen zu sich. Selbstzweifel können dazu führen, dass gar nicht geübt oder die Übung vorzeitig abgebrochen wird. Die Übenden halten sich für zu unkonzentriert, denken, sie schaffen es nicht, eine Meditationspraxis aufzubauen oder sie zweifeln an der Methode oder den Lehrenden. Unproduktiver Zweifel verstärkt Unsicherheit und Rastlosigkeit.

Durch Meditation werden wir uns der beschriebenen Herausforderungen bewusst und lernen Schritt für Schritt geschickter mit ihnen umzugehen und sie in Lotosblüten zu verwandeln. Die wichtigsten Schritte für diese Transformation bestehen darin, die Hindernisse zu bemerken und sich ihnen bewusst zuzuwenden, sie kennenzulernen und sie zu erforschen. Das Unterdrücken, Bekämpfen oder Leugnen des Schwierigen verstärkt es und führt zu noch mehr Leid. Meditieren dagegen fördert die bewusste Aufmerksamkeit und ermöglicht, allem Raum zu geben. Negative Spiralen, die sich aufschaukeln, können so frühzeitig erkannt und entkräftet werden.

Heilsame Qualitäten

Die Lotosblüte braucht zum Wachsen Schlamm, Wasser und Sonne. In der Meditation helfen wohltuende, heilsame Qualitäten: Geduld, Loslassen, Humor, Vertrauen, Freundlichkeit und Neugier. Sie lassen sich kultivieren und werden zu wichtigen Nährstoffen des Geistes.

Dies wird hier am Beispiel der Geduld verdeutlicht. Die tägliche Meditationspraxis braucht und fördert Geduld gleichermaßen. Das kontinuierliche Üben wirkt wie das Säen von heilsamen Samen. Wir vertrauen darauf, dass daraus Blumen werden. Wir sind neugierig, wann sie sich öffnen und entfalten. In der folgenden Kontemplation erforschen wir Geduld. Dabei wird dem Wort »Geduld« und den auftauchenden Assoziationen Raum gegeben und der Resonanz nachgespürt. Es handelt sich nicht um ein Nachdenken, sondern um ein Erkunden, das alle Wahrnehmungsbereiche einbezieht. Die Qualität der Geduld wird erfahrbar, körperlich verankert und damit auch im Alltag besser zugänglich.

Geduld erkunden

Lassen Sie sich bequem und aufrecht im Sitzen ankommen. Vielleicht möchten Sie zunächst die Arme strecken und den Oberkörper von einer Seite zur anderen dehnen. Die Schultern heben und wieder sinken lassen und sich so erlauben, mehr im Körper anzukommen. Langsam können Sie dann die Verbindung zum Atem im Körper aufnehmen. Der Atem lässt sich vielleicht an der Nase oder im Bauchbereich spüren. Der Atem darf so sein, wie er ein- und ausströmt, nichts muss verändert werden. Das Einatmen spüren und das Ausatmen wahrnehmen. Sich Zeit lassen, einige Atemzüge bewusst wahrzunehmen.

In Ihrem Inneren kann langsam ein Raum, ein Platz für das Erkunden von Geduld entstehen. Wiederholen Sie lautlos das Wort »Geduld«.

Geben Sie diesem Begriff Raum und seien Sie neugierig, was auftaucht. Vielleicht zeigen sich andere Wörter, vielleicht entstehen Bilder. Auch wenn sich nichts zeigt, ist das völlig ok.

Bleiben Sie interessiert dabei und wiederholen Sie das Wort »Geduld« und lassen es nachklingen.

Seien Sie offen und neugierig, welches Echo sich zeigt. Vielleicht gibt es eine fühlbare Resonanz im Körper, Gedanken oder Gefühle können auftauchen. Innere Bilder.

Und immer wieder das Wort »Geduld« in Stille wiederholen. Assoziationen auftauchen lassen, neugierig das Feld der Geduld erforschen.

Nun lassen Sie das Wort los und kehren zum Atem zurück, Sie verweilen noch einige Momente in Stille beim Atem.

Jetzt können Sie die Augen öffnen, sich strecken und wenn Sie möchten, einige Ihrer Assoziationen notieren.

Selbstfürsorge und auch Meditation werden allzu oft als eine sehr ernste Angelegenheit betrachtet und damit zu einer weiteren Pflicht auf der schon ewig langen To-do-Liste. Deshalb sind Leichtigkeit und Humor beim Erlernen von Meditation gute Begleiterinnen. Humor ermöglicht neue Sichtweisen, entspannt uns, öffnet uns auch für unsere Schwächen und die Tücken des Lebens. Humor geht mit Neugier und Überraschung einher. Diese Qualitäten bringen Leichtigkeit und etwas Spielerisches mit sich. Damit entstehen neue, vielleicht sogar ungeahnte Möglichkeiten. Das Üben von Meditation braucht wirkliches Interesse und ein Bemühen, das uns hilft zu üben, auch wenn wir keine Lust haben. Ein weiterer zentraler Nährstoff für die Meditation ist deshalb die Freundlichkeit. Wir lernen, uns wohlwollend unserer Erfahrung zuzuwenden, sie zu akzeptieren und wertschätzend und respektvoll mit uns umzugehen. Viele Menschen, die in meinen Kursen mit Meditation beginnen, atmen auf, wenn sie einen Zugang zu Wohlwollen finden, und beginnen, freundlicher mit sich zu sein. Aus der akzeptierenden Selbstannahme entstehen Veränderung und Wachstum.

Das Zusammenspiel von Herausforderungen und heilsamen Kräften ist wie ein Biosystem (▶ Abb. 2.1). Die Sonne der Bewusstheit scheint und stärkt die heilsamen Kräfte. Der Lotos der Selbstfürsorge wächst aus dem Schlamm der Hindernisse heraus der Sonne entgegen. Und wenn die Blüte sich öffnet, hält sie Überraschungen aus Schönheit und Lebendigkeit bereit.

Grundsätzlich geht es darum, die Schwierigkeiten zu erkennen, sie zu erkunden und sie zu erfahren. Ausgangsbasis ist dafür immer eine Verankerung der Aufmerksamkeit im Körper. Wenn wir uns im Körper zu Hause fühlen, ist es viel leichter mit den Hürden umzugehen und sich ihnen zuzuwenden. Durch die Kraft der Achtsamkeit lernen wir, zu bemerken, was geschieht und wie wir auf die Herausforderungen reagieren. Die zunehmende Bewusstheit lässt uns klarer sehen und erkennen. Wir können dann auch unter die Wasseroberfläche schauen, auf das, was für uns oft unbewusst und verborgen ist. Für diesen Blick in die Untiefen sind die heilsamen Qualitäten wie Vertrauen, Humor und Freundlichkeit mit ihrer Strahlkraft unerlässlich. Wir üben quasi bei jeder inneren und äußeren Wetterlage. Und wir werden den Lotos besser verstehen, der den Schlamm braucht, um zu erblühen.

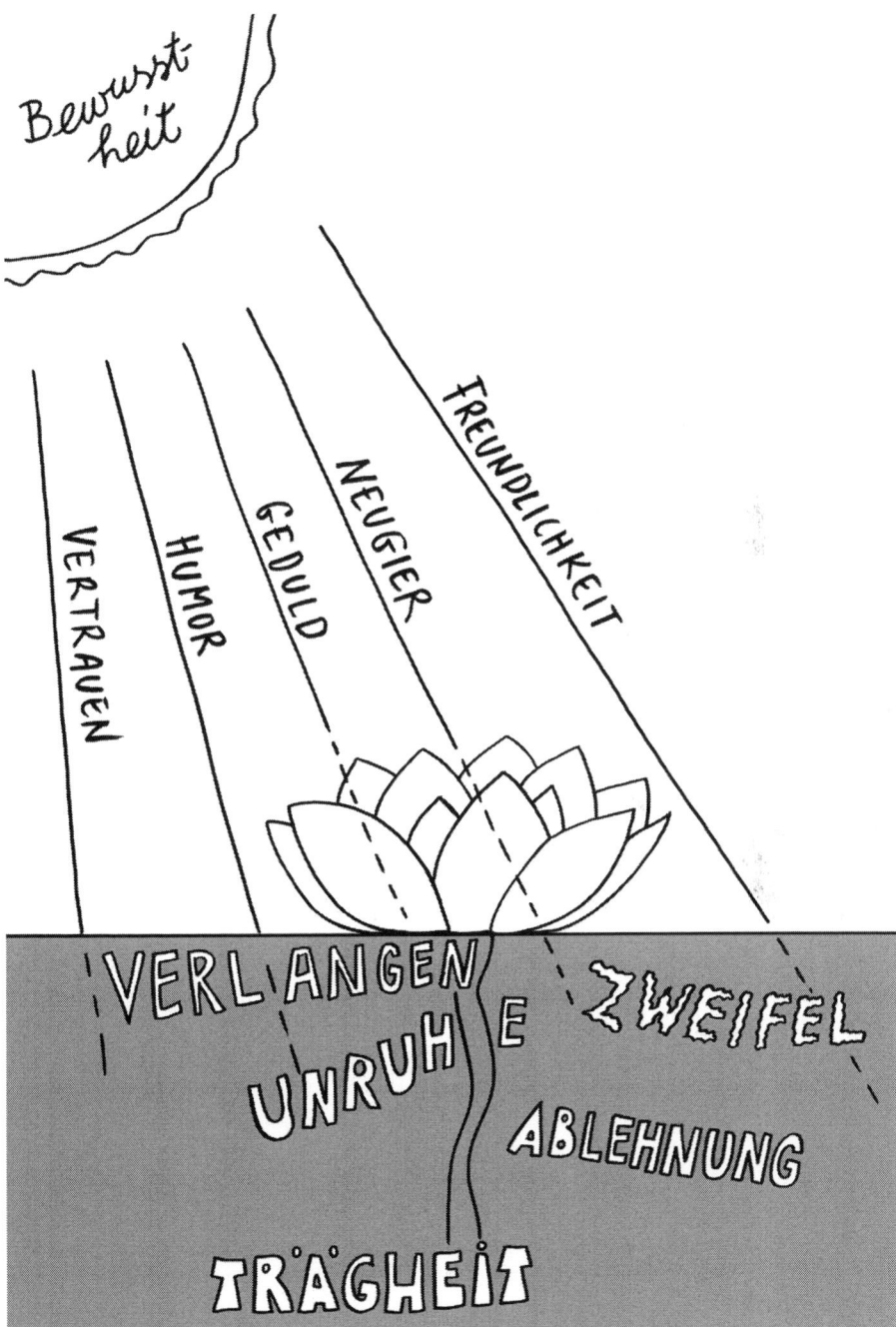

Abb. 2.1: Das Zusammenspiel von Hindernissen und Heilmitteln

Das innere Übungsteam – Kritiker, Antreiber und Faulpelze

Vielleicht kommt Ihnen die folgende Situation bekannt vor. Sie haben sich fest vorgenommen, morgens joggen zu gehen. Doch Sie bleiben länger liegen, schlafen wieder ein und ärgern sich später, dass Sie es wieder nicht geschafft haben, etwas für Ihre Gesundheit zu tun. Oder Sie möchten nach Feierabend noch eine Entspannungsübung machen, doch finden sich bei einem Glas Rotwein vor dem Bildschirm wieder. Sind wir einfach alle nur zu undiszipliniert? Wenn Sie etwas regelmäßig üben möchten, dann ist es wichtig, die unterschiedlichen inneren Stimmen zu kennen, die sich dabei zu Wort melden. Ein innerer Faulpelz, im Volksmund auch Schweinehund genannt, vermittelt Ihnen vielleicht, Sie sollten es sich möglichst bequem machen. Ein interner Antreiber ist da ganz anderer Meinung und fordert mit vehementer Strenge, dass Sie sich im Sinne Ihrer Gesundheit disziplinieren sollten. Das unterstützt die Perfektionistin und verlangt das ultimativ richtige Vorgehen beim Meditieren. Die Theoretikerin dagegen ist zufrieden, wenn Sie ein Buch über Selbstfürsorge und Meditation lesen und das Üben verschieben. Leise meldet eine resignative Stimme Bedenken an und hat Angst, tägliches Üben nicht zu schaffen. Die innere Helferin ermahnt, zunächst die anderen zu versorgen, erst dann sei Selbstfürsorge erlaubt. Diese inneren Dialoge haben wir alle. Meist sind wir aber nicht damit vertraut, die verschiedenen Seiten zu unterscheiden und zu verstehen. Die Selbstgespräche bleiben oft unbewusst, laufen automatisch ab und können sich sogar wie innere Kämpfe anfühlen, die viel Energie kosten und eher schwächen als stärken.

Die innere Vielstimmigkeit

Das Konzept der Ego-State-Therapie schafft einen Bezugsrahmen für die Arbeit mit den inneren Stimmen, den Ich Zuständen. Dabei wird eine innere Stimme als eine situationsübergreifende »Energie der Persönlichkeit« verstanden, die sich im Laufe des Lebens entwickelt, um die Gesamtperson zu schützen (Fritzsche, 2013, S. 34). Die Anteile der Persönlichkeit haben die Funktion, die Grundbedürfnisse des Menschen zu erfüllen. Zu diesen Bedürfnissen gehören der Wunsch nach Zugehörigkeit, nach Sicherheit und Orientierung, nach Lust und Wohlbefinden, nach Autonomie und Bindung, nach Selbstwerterhöhung und Entwicklung. Die Persönlichkeitsanteile weisen demnach auf unterschiedliche Bedürfnisse hin und können im Konflikt miteinander sein.

> Als ich in der Pandemiezeit an diesem Buch schrieb, wurden zwei innere Persönlichkeitsanteile lauter. Es gab eine Stimme, die mehr Pausen wollte, die nach freier Zeit und Erholung verlangte. Aber es gab auch eine Stimme, die ermutigte, weiterzuschreiben und sich mehr Zeit für das Buchprojekt zu nehmen. Scheinbar befanden sich beide Persönlichkeitsteile in einem inneren Kampf. Meine Supervisorin bemerkte klug, ich solle beiden Seiten mal etwas mehr zuhören und herausfinden, auf welche Bedürfnisse sie hinweisen. Dabei wurde mir bewusst, dass meine innere selbstfürsorgliche Stimme den Wunsch nach Ruhe, Entspan-

nung und Nichtstun signalisierte. Der Teil, der auf die Fertigstellung des Buches drängte, war nicht streng. Er erinnerte mich daran, wie erfüllend das Schreiben für mich ist und wie sehr ich diese Zeit mit mir allein lesend und schreibend genieße. Mir wurde deutlich, dass ich mehr Pausen brauchte und baute diese bewusster in meinen Alltag ein. Ich tanzte und meditierte wieder mehr und gewann Energie zurück. Und ich reservierte mir wöchentlich einen Tag zuhause nur für das Schreiben. An den Schreibtagen kombinierte ich Pausen- und Ausruhzeiten mit Phasen des Arbeitens am Buch und bemerkte, wie effektiv ich dann beim Formulieren und Konzipieren des Manuskriptes war. So kam ich wieder zu Kräften und das Buch wuchs Seite um Seite.

Wie entwickeln sich innere Persönlichkeitsanteile? Menschen lernen Haltungen und Bewältigungsstrategien von wichtigen Bezugspersonen. Ermutigende, aber auch kritische und abwertende Stimmen von außen werden nach innen genommen und damit zu internen Ego-States. Wir lernen am Modell. Wenn wir viel Kritik erlebt haben, entwickeln wir möglicherweise eine starke innere bewertende Stimme. Diese kritische Seite dient dem Schutz vor äußerer Kritik und beschützt damit einen inneren Anteil, der unsicher ist und Angst hat. Es erscheint sicherer, sich selbst zu kritisieren als Gefahr zu laufen, dass das andere tun.

Glaubenssätze und Sprichwörter verweisen darauf, was uns durch Erziehung vermittelt und dann zu inneren Leitlinien wurde. Haben wir gelernt, dass »Geben seliger als Nehmen« ist? Galt in unserer Herkunftsfamilie das Credo »Erst die Arbeit, dann das Vergnügen«? Die inneren Persönlichkeitsanteile sorgen dafür, dass diese Grundüberzeugungen umgesetzt werden.

Eine junge Ärztin sagt in einem Stressbewältigungskurs: »Mir wird immer klarer, warum es mir so schwer fällt, Grenzen zu ziehen und etwas für mich zu tun. Meine Eltern haben immer so viel gearbeitet. Ich habe schon ganz früh gelernt, dass die Leistung an erster Stelle steht. Das hat sich automatisiert. Die innere Stimme, die Entspannung erlaubt, ist ganz leise.«

Innere Stimmen – blockieren oder stärken die Selbstfürsorge

Ich möchte an dieser Stelle nicht zu tief in eine therapeutische Perspektive einsteigen, sondern die Grundidee der inneren Vielstimmigkeit verwenden, um sie für den Aufbau und das Aufrechterhalten einer Meditationspraxis zu nutzen. Wenn etwas täglich geübt werden soll, melden sich dazu meist unterschiedliche innere Stimmen, die verstanden werden wollen.

Schulz von Thun (1998) spricht von dem inneren Team als einer Form der Kommunikation mit sich selbst. Einige Teammitglieder äußern sich sehr schnell und laut, andere wiederum sind zu leise. Oft verhalten sich auch dominante Teile wie eine vermeintliche Leitung und bestimmen das innere Klima. Vielleicht gibt eine strenge Antreiberin den Ton an und lässt niemand sonst zu Wort kommen. Es ist aber für eine gesunde Ausbalancierung von Grundbedürfnissen wichtig, dass es eine innere Teamleitung, eine Regisseurin oder Dirigentin gibt, die allen Stimmen zuhören kann. Sie vermag die Teile und die dahinterliegenden Bedürfnisse zu erkennen und zu differenzieren. Die Zustände, die eine Selbstfürsorge behindern, können von der Leitung freundlich, manchmal auch bestimmt, begrenzt werden. Teammitglieder, die Selbstfürsorge und Wohlergehen einfordern und ermöglichen, können ermutigt werden. Auch die inneren Stimmen, die für Spaß, Lebensfreude und Genuss stehen, brauchen Gehör. Die Regisseurin als wohlwollende und klare Leitung sorgt für eine wertschätzende innere Atmosphäre.

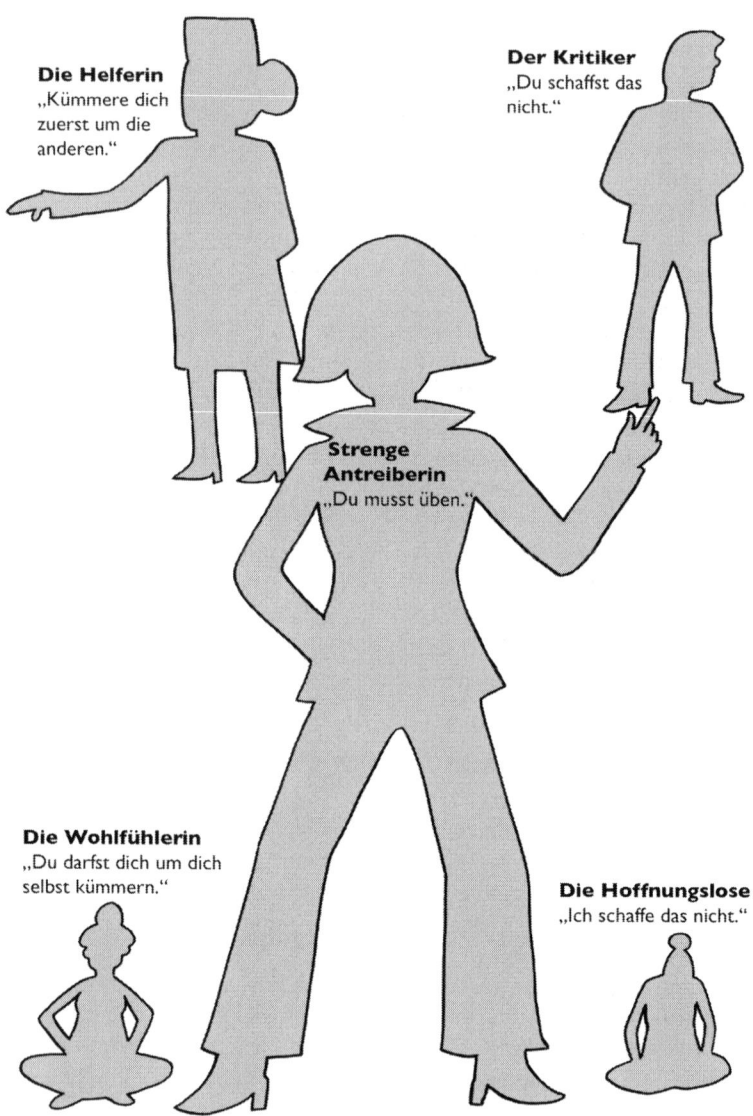

Abb. 2.2: Das innere Team blockiert die Selbstfürsorge

Frau M., eine Lehrerin, möchte gerne meditieren lernen. Sie hat schon einiges darüber gelesen und erste Übungsversuche unternommen, die ihr guttun. Leider schafft sie es aber nicht, sich regelmäßig Zeit für die Meditation zu nehmen. Die Betrachtung des inneren Teams gewährt Einsichten, warum ihr die Selbstfürsorge so schwerfällt.

Die lauteste und dominanteste Stimme ist ihre Antreiberin. Sie befindet sich im Zentrum, wo eigentlich die Leitung, die innere Mitte sein sollte. Die Antreiberin gibt sich als Chefin des inneren Teams aus. Frau M. meint, dass dieser Teil sehr streng sei und paradoxerweise dazu führe, das Üben ganz zu vermeiden und auszuweichen. Den Anforderungen der Antreiberin könne und wolle sie nicht gerecht werden. Sehr laut ist auch die innere Helferstimme, die von Frau M. verlangt, sich erst um andere zu kümmern und die Selbstfürsorge zurückzustellen. Es wird deutlich, dass die starke Außenorientierung den Blick nach innen verstellt. Die kritische, als männlich empfundene Stimme äußert sich abwertend und stellt das Gelingen einer regelmäßigen Übungspraxis in Frage. Ein innerer hoffnungsloser Anteil fühlt sich dadurch noch weiter entmutigt und resigniert. Die Wohlfühlerin setzt sich leise und zaghaft für die eigenen Bedürfnisse ein, wird aber oft überhört und überstimmt. Durch das Skizzieren der Persönlichkeitsteile an ein Flipchart erkennt Frau M., dass es in ihrem Inneren viele antreibende, kritische und abwertende Teile gibt, die einer gelingenden Selbstfürsorge und dem Erlernen von Meditation im Wege stehen. Durch die Wahrnehmung der inneren Dialoge wächst die Bewusstheit für das automatisierte Geschehen. Frau M. erlebt Freude am Erkunden der »Selbstgespräche« und bekommt mehr Distanz zu den negativen und destruktiven Kräften. Sie entwirft am Flipchart eine neue Teamaufstellung, die Selbstfürsorge bejaht und notwendige Schritte der Persönlichkeitsentwicklung aufzeigt (▶ Abb. 2.3). Eine bewusste, leitende Mitte wird etabliert. Dieses innere Zentrum lässt sich durch Meditation und reflexive Gespräche weiter stärken. Die lautstarke Antreiberin kann ihre Disziplin einbringen, wird aber begrenzt und von anderen Teilen ausbalanciert. Die Helferin und der Kritiker werden mit einem Augenzwinkern und Humor zeitweise in den Urlaub geschickt, auch sie dürfen sich mal ausruhen. Die Wohlfühlerin kommt mehr in die Mitte und arbeitet stärker mit der inneren Leitung zusammen. Die Ermutigende beruhigt den unsicheren Teil, der vorher gar keine Hoffnung mehr hatte. Ein klareres »Nein« anderen gegenüber wird durch den Grenzzieher möglich. Der schützt damit einen Raum, der nun zur Selbstfürsorge zur Verfügung steht.

Das bewusste Differenzieren der verschiedenen Stimmen und das Anstoßen einer inneren Teamentwicklung brauchen Zeit. Wenn sich aber die internen Dialoge nur im Kreis drehen und keine Entwicklung spürbar wird, dann kann auch ein therapeutisches oder beratendes Gegenüber hilfreich sein. Die Gesprächspartnerin sollte viel Erfahrung mit der Methode des inneren Teams haben, ermutigen und herausfordern. So lassen sich auch die verletzten, unsicheren, hoffnungslosen und gekränkten Anteile besser anschauen und versorgen. Damit wächst auch die Fähigkeit, innere Spannungen zu verstehen und zu moderieren.

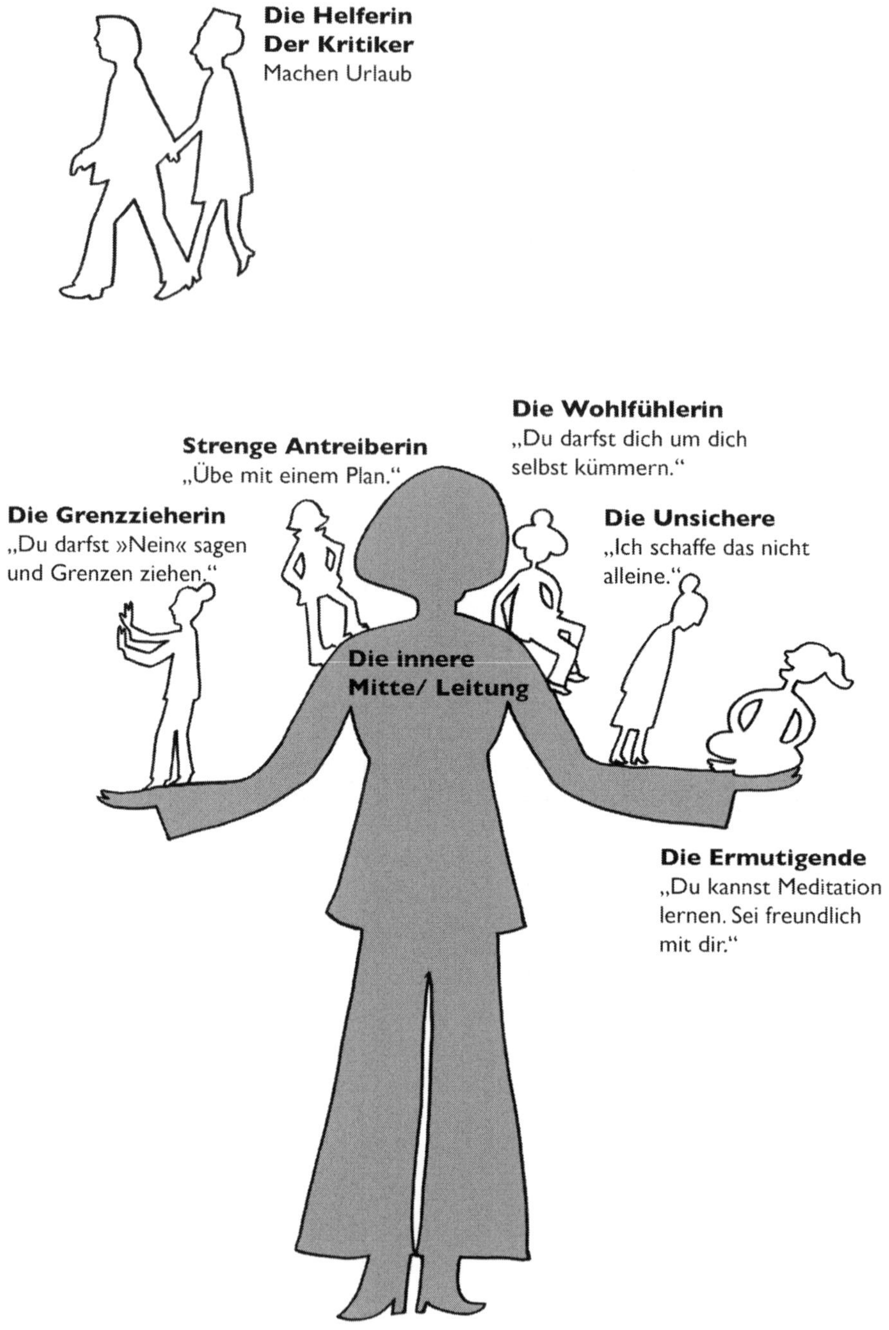

2 Die Kunst des Übens – an Hindernissen wachsen

Die Helferin
Der Kritiker
Machen Urlaub

Strenge Antreiberin
„Übe mit einem Plan."

Die Wohlfühlerin
„Du darfst dich um dich selbst kümmern."

Die Grenzzieherin
„Du darfst »Nein« sagen und Grenzen ziehen."

Die Unsichere
„Ich schaffe das nicht alleine."

Die innere Mitte/ Leitung

Die Ermutigende
„Du kannst Meditation lernen. Sei freundlich mit dir."

Abb. 2.3: Das innere Team ermöglicht Selbstfürsorge

Die Weiterentwicklung der Persönlichkeit im Sinne der Selbstfürsorge ist ein Prozess, der Bewusstheit und Reflexion erfordert. Es braucht dabei den Mut, neue Wege zu beschreiten. Denn auch hier lauern Herausforderungen. Alte destruktive Stimmen können nämlich sehr hartnäckig sein. Wir spüren, dass wir Angst vor der eigenen Courage haben und damit unsere Entwicklung verzögern oder behindern. Andere Menschen sind vielleicht verwundert, dass wir sie auch mal begrenzen. Sie waren bislang nicht gewohnt, ein deutliches »Nein« zu hören. Wir lernen, unsere Bedürfnisse nach innen und außen zu vertreten. Wir gehen Konflikten nicht mehr aus dem Weg, sondern sprechen sie an und finden mutig Lösungen. Das Leben wird bunter, vielseitiger und stimmiger.

Impulse für die Selbstfürsorge

- Welche Erfahrungen haben Sie mit dem Üben? Was haben Sie bereits länger geübt und was hat dabei geholfen (eine Sprache, ein Instrument, einen Sport)?
- Welche inneren Herausforderungen kennen Sie beim Üben und was hilft Ihnen, damit umzugehen?
- Welche Glaubenssätze und Sprichwörter haben Sie in der Herkunftsfamilie bezüglich Arbeit und Freizeit gelernt? Welche Vorbilder waren dabei für Sie besonders prägend?
- Zeichnen Sie sich Ihr eigenes inneres Übungsteam auf. Welche Stimmen stehen einer inneren Selbstfürsorge im Wege, welche ermutigen dazu? Wie sieht die innere Mitte aus und wie fühlt es sich an, mit ihr verbunden zu sein? Was soll begrenzt werden und was braucht Ermutigung?

3 Der Meditationskurs – Wege entstehen beim Gehen

Den Meditationsgarten anlegen

»Der wirksamste Weg zu praktizieren ist, es einfach zu tun.« (Linda Lehrhaupt)

Worte über Achtsamkeit und Meditation können nur begrenzt vermitteln, worum es wirklich geht. So wie beim Schwimmenlernen ist es nötig, sich in das Wasser zu begeben. Und deshalb dürfen Sie jetzt ganz praktisch mit der Meditation beginnen. Ich lade Sie ein, die nächsten fünf Wochen täglich ungefähr zwanzig Minuten Zeit in Ihre Selbstfürsorge zu investieren. Der Kurs wird aus angeleiteten Meditationen, Theorieelementen, Übungen für den Alltag und Selbstreflexionen bestehen. Ich habe Themen und Methoden für Sie ausgewählt, die sich im Bereich der Heilberufe bewährt haben. Die Übungen sind kurzgehalten, um einen entspannten Einstieg zu gewähren. Seien Sie freundlich mit sich. Der Kurs kann und soll Beratung und Therapie nicht ersetzen. Wenn Sie merken, dass die Übungen Sie überfordern oder Sie in einer Phase der starken Erschöpfung oder Krise stecken, ist es sinnvoll, sich professionelle Hilfe zu suchen. Falls Sie sich in medizinischer oder psychotherapeutischer Begleitung befinden, erkundigen Sie sich, ob etwas gegen das Lernen von Meditation spricht.

Der Kursüberblick zeigt Ihnen die Themen und Meditationen des Trainings. In jeder Woche wird ein Schwerpunktthema eingeführt und die dazu passenden Meditationsmethoden werden geübt. Nach den fünf Wochen halten Sie Rückschau und haben die Möglichkeit, die Übungspraxis fortzusetzen, die zu Ihnen passt. Falls Sie sich mehr Zeit nehmen möchten, ist das auch gut möglich. Dann üben Sie über zehn Wochen und nehmen sich für jede Einheit einfach zwei statt einer Woche Zeit. In jedem Fall ist es wichtig, auf sich zu achten und sich nicht zu unter- aber auch nicht zu überfordern.

Das Wichtigste ist das Üben selbst, wie bei einem Fitnesstraining. Sie werden lernen, die Achtsamkeitsmuskeln zu trainieren und Ihre Aufmerksamkeit darin zu schulen, in der Gegenwart zu sein. Doch die Anmeldung in einem Fitnessstudio allein reicht nicht aus. Es braucht einen strukturierten Plan, eine Begleitung und dann ein regelmäßiges Üben. In vielen Interviews mit Menschen, die exzellente Resultate in Musik, Sport oder Medizin erzielen, zeigte sich, wie wichtig ein bewusstes Üben und Lernen ist (Ericson & Pool, 2016). Die ersten Schritte dazu wollen wir jetzt machen. Es fängt mit der Planung des Übens an.

Abb. 3.1: Die Kursstruktur

Nehmen Sie sich Zeit, das Arbeitsblatt 3 im Anhang auszufüllen und somit den Aufbau der eigenen Meditationspraxis bewusst für sich zu gestalten (▶ AB 3).

Nun haben Sie sich eine Struktur für das Üben von Meditation geschaffen. Der sich wiederholende Ablauf der einzelnen Übungswochen wird Ihnen dabei helfen, eine neue positive Routine aufzubauen. Meditieren ist wie das Anlegen und die Pflege eines Gartens. Der Boden ist nun bereitet dafür. Meditationsgärten sind so gestaltet, das sie den Menschen in Harmonie mit der Natur bringen. Sie laden zum Innehalten und kontemplativen Verweilen ein. Sie sprechen die Sinne an und spiegeln den Verlauf der Jahreszeiten wider. Meditative Gärten sind Oasen der Entspannung und bringen Körper und Geist in Einklang (Wannags & Pelzer, 2014). Deshalb werden wir hier das Bild des Gartens für unsere eigene Meditationspraxis nutzen.

Beim Meditieren säen und pflegen Sie heilsame Qualitäten. Die Hindernisse, die Ihnen begegnen, werden zu Dünger für die Blüten der Achtsamkeit. Sie beschützen Ihren Meditationsgarten und damit Ihre Selbstfürsorge und kümmern sich nicht ständig um die Gärten anderer Menschen. Lassen Sie sich von inneren ermutigenden Stimmen, die an Freundlichkeit und Geduld erinnern, beim Üben unterstützen. Sie beobachten und reflektieren regelmäßig das eigene Wachstum, indem Sie Ihre Erfahrungen aufschreiben. Das Führen eines Meditationstagebuches hilft Ihnen dabei. Nicht nur die formellen Meditationszeiten sind wichtig. Auch inmitten des Alltags können wir uns Zeit für uns nehmen. Wir halten inne und genießen eine Tasse Tee. Oder schauen einfach nur in den Garten, in den Himmel. Wir hören dem Singen der Vögel zu und riechen den Duft der Blumen.

Üben Sie nicht zu zielorientiert, sondern öffnen Sie sich für den Weg des Übens. Wie bei einer Wanderung sind alle Etappen wichtig und nicht nur der Blick vom Gipfel. Das tägliche Meditieren ist wie das Setzen und Pflegen von Blumenzwiebeln. Diese brauchen Zeit, um durch die Erde ans Licht zu kommen und zu erblühen. Die Früchte des Meditierens zeigen sich meist erst allmählich, manchmal dann aber auch ganz unerwartet und plötzlich. Wir bemerken, dass wir in Situationen, in denen wir sonst sehr gestresst agiert haben, nun ruhiger und freundlicher mit uns sein können.

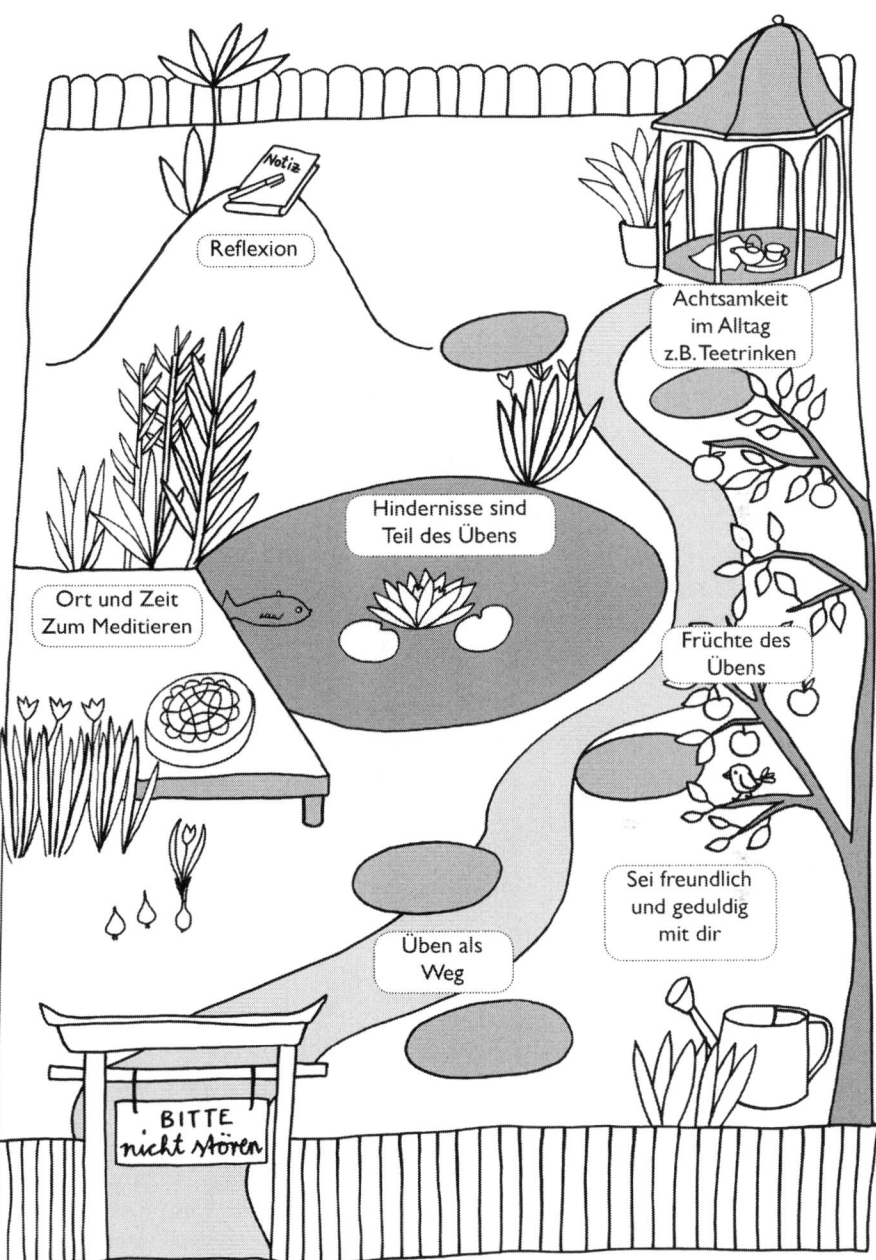

Abb. 3.2: Der Meditationsgarten

Übungswoche 1
Im Körper zu Hause sein – ruhig und bewegt

> **Übersicht**
>
> In dieser Woche lernen Sie die Bedeutung von Körperachtsamkeit in Ruhe und Bewegung als Grundlage der Selbstfürsorge kennen.
>
> **Ziele:**
> - Den Körper bewusst wahrzunehmen.
> - Ruhe finden und in der Gegenwart ankommen.
> - Heilsame Qualitäten im Körper verankern.
> - Körperliche Bedürfnisse frühzeitiger erkennen und ernst nehmen.
>
> **Übungspraxis:**
> An einem Tag üben Sie den Body Scan, am nächsten Tag die achtsame Bewegung. Nutzen Sie bitte dafür die Audiodateien. Zum Schluss der Übungswoche kombinieren Sie beide Meditationen. Sie üben dann zunächst die achtsame Bewegung und schließen den Body Scan direkt an. Einen Tag können Sie pausieren.
>
> - Body Scan
> - Achtsame Bewegung
> - Den Selbstfürsorgebogen (▶ AB 2 im Anhang) täglich morgens und abends ausfüllen.

Körperachtsamkeit

»Der Körper ist der Übersetzer der Seele ins Sichtbare.« (Christian Morgenstern)

Viele Menschen beginnen Achtsamkeitskurse und Meditation, weil sie das Gefühl haben, nur noch im Kopf zu leben. Sie sind in Gedanken verloren und jagen Zielen und Terminen hinterher. Andere wünschen sich durch achtsamkeitsbasierte Verfahren Hilfe im Umgang mit Schmerzen, Bluthochdruck oder Schlaflosigkeit. In unserer Kultur hat das Denken einen hohen Stellenwert. Wir leben oft nach dem Credo »Ich denke, also bin ich.« nicht nach der Überzeugung, »Ich atme, also bin ich.« oder »Ich tanze, also bin ich.«. Körper und Geist werden als unterschiedliche Pole verstanden, die vielleicht sogar in einem Kampf miteinander stehen. In der Meditation lässt sich erfahren, dass Gedanken, Gefühle und Körper zusammengehören und sich wechselseitig beeinflussen. Der Körper signalisiert Müdigkeit oder Hunger. Er kann auf Überlastung hinweisen und verdeutlichen, welche Bedürfnisse übersehen werden. Auch Gefühle haben eine körperliche Komponente. Bei Angst schwitzen wir und spannen uns an, spüren Herzklopfen, vielleicht auch eine Enge in der Brust. Positive Zustände und Emotionen wie Entspannung und Freude werden körperlich erlebt. Die Fähigkeit, Körpersignale wahrnehmen und deuten zu können, hilft dabei Emotionen besser auszubalancieren.

Somit ist die Wahrnehmung des Körpers die grundlegende Basis für unsere Selbstfürsorge. Am wohlsten fühlen wir uns, wenn Körper und Geist positiv zusammenschwingen. Wenn wir uns im Körper zu Hause und bewusst im Geist fühlen, dann geht es uns gut. Körperbewusstsein und Selbstbewusstsein hängen eng zusammen. Sich im Körper präsent zu fühlen, ihn zu spüren, ihm zu vertrauen und ihn zu mögen, gibt Stabilität und Sicherheit.

Achtsamkeit für den Körper lässt sich kultivieren. Dabei geht es um das gegenwärtige Erleben der körperlichen Empfindungen, nicht um Veränderung oder gar Optimierung. Wir setzen uns auf eine wohlwollende, interessierte und bewusste Art mit unserem Körper in Beziehung. Wir bewohnen unseren Körper, fühlen uns zunehmend in ihm geborgen. Der Body Scan ist eine wunderbare Übung, die Körperachtsamkeit zu stärken.

Der Body Scan – im Körper ankommen

»Verpasst den Body Scan nicht. Ich wusste gar nicht, wie schön es ist, meinem Körper einfach nur Aufmerksamkeit zu schenken. Freundlich, ohne etwas zu verlangen oder zu verändern.« (eine Kursteilnehmerin)

Der Begriff »Body Scan« hat sich in den achtsamkeitsbasierten Verfahren etabliert. Doch eigentlich klingt er zu mechanisch und vielleicht auch zu technisch. Das Wahrnehmen und Erspüren des Körpers ist viel eher wie eine Reise, eine Wanderung. Mit einer freundlichen und neugierigen Haltung spazieren wir durch den Körper und schenken den unterschiedlichen Empfindungen Aufmerksamkeit.

Wie oft ignorieren wir körperliche Signale und betrachten unseren Körper als selbstverständlich. Die freundliche, bewusste Aufmerksamkeit für unseren Körper wendet sich dagegen wirklich zu, interessiert sich und wirkt wie eine heilsame Medizin. Anspannung und Entspannung, die Temperatur, Berührungspunkte, vielleicht ein Kribbeln, die Bewegung des Atems, alles kann gespürt werden. Nichts muss weggeschoben oder intensiviert werden.

Und nun beginnen Sie mit der Praxis des 20-minütigen Body Scans. Nehmen Sie gerne die Audiodatei zur Hilfe.

Der Body Scan

Machen Sie es sich im Liegen bequem. Das Einrichten des Platzes ist bereits eine Form der Selbstfürsorge. Probieren Sie aus, ob ein Kissen unter dem Kopf guttut, ob Sie eine Decke unter die Knie legen, vielleicht die Füße aufstellen oder die Beine ausstrecken wollen. Finden Sie eine Position, in der Sie möglichst schmerzfrei und entspannt liegen können.

In dieser Übung schulen Sie Körperachtsamkeit. Sie beginnen, dem Körper vom Kopf bis zu den Füßen freundlich und interessiert Aufmerksamkeit zu schenken. Die Empfindungen können wahrgenommen werden, ohne etwas verändern zu müssen. Vielleicht ist es möglich, wach und entspannt zu üben. Es ist aber auch in Ordnung einzuschlafen. Oder es kann sein, dass sich viele Gedanken oder Unruhe zeigen, auch das ist Teil des Übens und kein Fehler.

Lenken Sie Ihre Aufmerksamkeit zunächst zum Kontakt des Körpers mit der Liegefläche und spüren Sie die Berührungspunkte. Erlauben Sie sich, das Körpergewicht abzugeben und vom Boden oder dem Sofa tragen zu lassen. Und nun den Atem in der Bauchregion fühlen. Vielleicht möchten Sie beide Hände auf den Bauch legen und vom Atem bewegen lassen. Spüren, wie das Einatmen und das Ausatmen geschehen. Der Atem kann während der gesamten Übung ein Anker sein, zu dem Sie gerne zurückkehren.

Nun die Aufmerksamkeit zum Kopf lenken. Spüren, wie der Kopf liegt, den Hinterkopf wahrnehmen, den gesamten Kopf, das Gesicht.

Und die Aufmerksamkeit weiter wandern lassen zum Hals und der oberen Wirbelsäule. Wohlwollend sich dem gesamten Rücken zuwenden. Angenehme und unangenehme Empfindungen dürfen da sein. Empfindungen von Anspannung oder auch Entspannung spüren. Alle Erfahrungen willkommen heißen. Es darf genau so sein, wie Sie es erleben. Wenn Gedanken die Aufmerksamkeit wegziehen, können Sie es bemerken und mit geduldiger Freundlichkeit wieder zum Körper zurückkehren.

Und die Aufmerksamkeit freundlich nun zum Brustkorb lenken und die Bewegung des Atem dort spüren. Sich Zeit lassen, wahrnehmen und den Atem fließen lassen.

Und der Bauchregion Aufmerksamkeit schenken. Den Fluss des Atems dort spüren.

Beide Arme wahrnehmen, sich bewusst werden, wie die Arme liegen. Zeigen die Hände nach oben oder zum Boden, sind sie kühl oder warm? Beide Arme von den Fingerspitzen bis zu den Schultern spüren.

Und den Rücken nochmals herunterwandern mit der Aufmerksamkeit bis zum Gesäß. Den gesamten Beckenraum wahrnehmen.

Dann freundlich die Aufmerksamkeit zu beiden Oberschenkeln, den Knien und Unterschenkeln ausrichten und die Körperempfindungen dort spüren. Nun die Aufmerksamkeit zu beiden Füßen wandern lassen und die Zehen wahrnehmen, die Fußsohlen, beide Füße.

Die Atmung durch den ganzen Körper strömen lassen, den gesamten Körper atmen lassen. Und sich erlauben noch einige Momente zu ruhen und den atmenden Körper wahrzunehmen. Im Körper verweilen und einfach nur da sein.

Dann allmählich kleine Bewegungen entstehen lassen, sich vielleicht strecken, räkeln, gähnen. Die Augen öffnen. Und sich zunächst auf eine Seite rollen und langsam aufstehen. Im Stehen können Sie den Körper etwas strecken.

Nehmen Sie die freundliche Aufmerksamkeit für Ihren Körper mit in die nächsten Stunden des Tages.

Nachdem Sie geübt haben, aufmerksam und akzeptierend durch den Körper zu wandern, sind vielleicht folgende Reflexionen hilfreich. Sie können sich den Fragen nach jedem Üben des Body Scans zuwenden und, wenn es für Sie passt, sie auch kurz schriftlich beantworten.

Reflexion des Übens

- Wie war meine Erfahrung?
- Was habe ich gedanklich, emotional und körperlich gespürt?
- Mit welchen Herausforderungen hatte ich zu tun und wie bin ich damit umgegangen?
- Was waren angenehme Erfahrungen und wie haben die sich im Körper angefühlt?

Häufige Fragen beim Üben des Body Scans

In meinen Kursen tauchen Fragen auf, die immer wieder gestellt werden. Ich werde dazu einige Anregungen und Impulse geben, die Sie aufgreifen können. Erforschen Sie selbst, ob die Hinweise zu Ihnen und Ihrer Entwicklung passen. Entscheidend ist Ihre eigene Erfahrung. Lernen Sie dabei, Ihrer eigenen Einschätzung zu vertrauen.

Was ist, wenn ich immer einschlafe?

Wenn Sie sehr müde sind, ist es möglicherweise besser, schlafen zu gehen. Das Üben des Body Scans braucht ein gewisses Maß an Energie und Wachheit. Vielleicht üben Sie einmal morgens oder zu einer Zeit, wenn Sie sich wach fühlen. Das Einschlafen ist aber kein Fehler. Es kann sich auch sehr geborgen und wohlig anfühlen, einzuschlafen. Wir lassen einfach los und entspannen. Es ist von unserer Tagesform abhängig, ob wir wacher oder schläfriger sind. Das heißt, jeder Body Scan ist anders. Wer immer einschläft, kann die Augen geöffnet lassen, die Beine aufstellen oder im Sitzen üben. Das sind kleine Tricks, die Sie spielerisch ausprobieren können.

Ich denke so viel, wie soll ich mit Gedanken umgehen?

Wenn wir mit dem Meditieren beginnen, dann sind wir oft überrascht, wie viel wir denken und wie schwer es uns fällt, die Aufmerksamkeit im Körper verweilen zu lassen. Unser Geist ist ein wandernder, unruhiger Geist. Das bemerken wir besonders, wenn wir innehalten und unsere Aufmerksamkeit schulen. Es wird uns etwas bewusst, das ständig automatisch und unbemerkt geschieht. Die Gedanken sind nur ein Teil unserer Erfahrung. Beim Üben des Body Scans nehmen wir wahr, wenn Gedanken unsere Aufmerksamkeit wegtragen und kehren geduldig zum Spüren des Körpers zurück. Genau das ist das Ziel, wir üben uns in der bewussten Ausrichtung unserer Aufmerksamkeit. Das Abschweifen gehört dabei genauso dazu wie das Zurückkehren.

Ich spüre nicht in allen Körperbereichen etwas. Muss ich mich mehr anstrengen oder soll ich mich bewegen, um etwas zu spüren?

Beim Üben des Body Scans lassen wir die Aufmerksamkeit durch den Körper wandern. Mit Neugier und Offenheit spüren wir die Empfindungen, die da sind: Temperatur, Berührung, vielleicht ein Kribbeln, ein Strömen. Bei bestimmten Körperregionen nehmen wir mehr wahr und bei anderen Bereichen weniger, das ist völlig normal. Es ist nicht nötig, durch Bewegungen mehr Empfindungen anzuregen. Aber es ist auch nicht verboten, sich etwas zu bewegen. Grundsätzlich darf der Körper beim Body Scan ruhen. In der Meditation, so auch beim Body Scan, kultivieren wir eine entspannte und offene innere Haltung. Zu viel Anstrengung führt zu Anspannung. Es geht nicht darum, ein bestimmtes Ziel zu erreichen oder bestimmte Körperempfindungen zu intensivieren.

Der Body Scan ist eine wirksame Meditation, um unseren Körper liebevoll in den Blick zu nehmen. Unsere Fähigkeit, Körpersignale zu spüren und freundlich zu beachten, nimmt dabei zu. Dies ist eine wichtige Voraussetzung für Selbstfürsorge.
Auch das Mitschwingen mit anderen Menschen basiert auf Körperwahrnehmung. Daniel Siegel macht in seinem Buch »Das achtsame Gehirn« deutlich, dass wir uns auf uns selbst einstimmen müssen, auch auf unsere Körpersignale, »um uns auf andere einstimmen zu können« (Siegel, (2007, S. 216).
Viele Übende empfinden den Body Scan als Form des Loslassens, des Entspannens. Die Qualität der Präsenz ohne Optimierungs- und Veränderungsdruck wird sehr geschätzt und als wohltuend und regenerierend erlebt. Einige Menschen üben den Body Scan abends und bemerken, dass sie leichter einschlafen und sich die Schlafqualität verbessert.
Wir schulen uns mit dem Body Scan darin, die Aufmerksamkeit bewusst auszurichten, im Körper verweilen zu lassen und uns für die Empfindungen zu öffnen und sie zu erleben. Wir üben uns auch darin, wieder loszulassen und die Aufmerksamkeit auf eine andere Stelle im Körper auszurichten. Das lässt uns weniger fixiert sein. Wir werden bewusster und flexibler im Umgang mit unserer Aufmerksamkeit. Dies hilft im Umgang mit körperlichem Schmerz aber auch bei psychischen Belastungen. Die

bewusste Flexibilität der Aufmerksamkeit ermöglicht eine Hinwendung zum Schwierigen. Sie befähigt zum Kontakt und auch zum Abstandnehmen, wenn die Belastung zu groß ist und zunächst Stabilität gefunden werden muss. Körperachtsamkeit lässt sich wunderbar in einer ruhenden Haltung üben und, wie wir jetzt sehen werden, auch in Bewegung.

Achtsame Bewegung

> »Wenn man achtsames Yoga praktiziert, liegt die Betonung nicht darauf, was man tut, sondern wie man es tut.« (Anne Cushman)

Vielen Menschen fällt die achtsame Bewegung leichter als das stille Sitzen oder Liegen. Ich möchte dazu ermutigen, beides auszuprobieren und auch miteinander zu kombinieren. Körperachtsamkeit in Bewegung heißt, die vielen Empfindungen wahrzunehmen, während Sie sich bewusst bewegen. Es geht nicht darum, ein bestimmtes Ziel zu erreichen, nicht darum, den Körper zu verbessern oder zu verändern. Vielmehr kommen wir durch die achtsame Bewegung mit der Aufmerksamkeit mehr in unserem Körper an. Wir sind in Kontakt mit dem Körper und fühlen uns verbunden mit ihm. Wir führen die Bewegungen mit einer Offenheit für die Erfahrung aus. Wir sind neugierig, was sich dabei angenehm und unangenehm anfühlt.

Achtsamkeit in Bewegung heißt auch, die eigenen Grenzen zu bemerken und zu achten. Dieser Aspekt ist für unsere gesamte Selbstfürsorge wichtig und in Bewegung ganz unmittelbar erfahrbar. Die eigenen Grenzen wollen erkannt und respektiert werden, sonst schaden wir unserem Körper. Wenn wir freundlich mit uns sind und uns auf die Erfahrung einlassen und mit unterschiedlichen Bewegungen experimentieren, können sich die Begrenzungen spielerisch erweitern.

So wie der Body Scan eine Meditation in Ruhe ist, so entsteht beim achtsamen Yoga eine meditative Bewegung. Ich habe zwei Bewegungsangebote ausgewählt, die von vielen Übenden als hilfreich erlebt werden und nicht zu herausfordernd sind. Fühlen Sie sich aber bitte auch eingeladen, die Bewegungen so auszuführen und für sich zu verändern, dass sie für Sie stimmig sind. Die Übungen lassen sich auch gut im Sitzen und im Liegen durchführen. Erinnern Sie sich immer wieder daran, dass Sie Wahlmöglichkeiten haben und es immer verschiedene Bewegungsvarianten gibt.

Wir beginnen mit der Schüttelmedizin. In vielen Bewegungs- und Tanztraditionen ist das Schütteln eine wirksame Methode, um den Körper und den Geist zu entspannen, loszulassen, zu regenerieren und zu energetisieren (Keeney, 2007). Sie können mit der Audiodatei üben. Vielleicht möchten Sie sich zunächst die Abbildung 3.3 anschauen und den Übungstext durchlesen.

Abb. 3.3: Das achtsame Schütteln

Das achtsame Schütteln

Stehen Sie bitte auf und finden Sie einen stabilen Stand. Lassen Sie zunächst die Aufmerksamkeit sinken, vom Kopf durch den Oberkörper, das Becken, die Beine hinunter, bis Sie mit Ihrer Aufmerksamkeit in den Füßen ankommen. Spüren Sie den Kontakt der Fußsohlen mit dem Boden. Üben Sie mit Neugier und Freundlichkeit. Heben Sie die Zehen an und legen Sie sie wieder bewusst auf dem Boden ab. Dann heben Sie die Fersen an und verlagern das Gewicht mehr auf die Ballen und Zehen. Und nun lassen Sie die Fersen wieder sinken. Nachspüren, wie sich der Kontakt zum Boden jetzt anfühlt.

Sich Zeit lassen und einige Atemzüge einfach im Stehen verweilen. Die Fußgelenke, Kniegelenke, die Hüftgelenke und die Wirbelsäule können weich und durchlässig sein. Lassen Sie sich Zeit, den Atem im Körper zu spüren und den Atem ein- und ausströmen, fließen zu lassen.

Die Aufmerksamkeit wandert nun in die Hände und Arme, hier entsteht allmählich ein Schütteln. Probieren Sie ein sanftes oder etwas stärkeres Schütteln der Hände und Arme aus. Den Atem dabei frei fließen lassen.

Der Oberkörper sinkt sanft nach links und der Arm kann aus dem linken Schultergelenk frei schaukeln und schütteln. Wahrnehmen, wie sich das Loslassen im Arm und auch im gesamten Körper anfühlt Dann wieder in die Mitte kommen, kurz nachspüren.

Jetzt den Oberkörper nach rechts sinken lassen, der rechte Arm hängt locker und kann sich schütteln. Sie kommen dann langsam wieder in der Mitte an und spüren nach.

Nun beginnt sich der gesamte Körper zu schütteln. Die Schüttelbewegung setzt sich fort, breitet sich im Körper aus. Neugierig sein, wie sich diese Bewegungen im Körper anfühlen, welche Empfindungen angeregt werden. Vielleicht möchten Sie die Fersen abheben und auf den Boden fallen lassen, das kann dem Körper helfen, sich entspannter zu schütteln. Vielleicht möchten Sie sogar etwas vom Boden abheben und dann sanft landen. Der Körper schüttelt und lockert sich dann wie von selbst.

Experimentieren Sie spielerisch mit einem sanfteren oder kräftigeren Schütteln. Finden Sie heraus, was Ihnen in diesem Moment angenehm ist. Auch neugierig sein, wie sich Ihre Stimmung verändert, ob sich mehr oder weniger Gedanken zeigen. Das Zusammenspiel zwischen Körperbewegungen, Gefühlen und mentalen Erfahrungen wahrnehmen. Macht das Schütteln Freude? Ist es anstrengend? Erlauben Sie sich, es so zu dosieren, dass es Ihnen guttut.

> Sie können auch ausprobieren, etwas abzuschütteln, weg zu schütteln, in den Raum hinein. Vielleicht heben Sie mal ein Bein etwas an und schütteln es aus und setzen es wieder auf. Dann das andere Bein vom Boden abheben und ausschütteln. Die Atmung frei fließen lassen, das Schütteln geschehen lassen. Langsam kann die Bewegung ausschwingen.
>
> Im ruhigen Stehen ankommen, die Füße im Kontakt mit dem Boden wahrnehmen und sich einige Momente Zeit lassen, nachzuspüren.

Diese Schüttelübung eignet sich gut für Pausen und nach längeren Phasen des Sitzens. Das Schütteln ist auch in oder nach sehr anstrengenden und stressigen Situationen hilfreich. Wir schütteln im wahrsten Sinne des Wortes etwas ab. Die Übung kann draußen, in der Wohnung oder im Büro durchgeführt werden und ist auch im Sitzen oder Liegen möglich. Probieren Sie es einmal aus. Im Liegen lassen sich die Beine anstrengungsloser nach oben ausschütteln, während das Becken und der Rücken ruhen. Oft fühlt man sich nach dem Schütteln erfrischt und körperliche Verspannungen haben sich gelockert.

Achtsame Bewegung bringt uns aus dem Denken und Tun wieder mehr in den Körper. Für viele Menschen ist es angenehm, sich zu bewegen. Manchmal erfordert das aber auch etwas Überwindung. Um mit der Bewegung anzufangen, braucht es vielleicht einen kleinen inneren Motivationsschub. Eigentlich ist man meistens positiv überrascht, wie man sich nach der Bewegung fühlt. Wohltuende Qualitäten lassen sich im Körper spüren und verankern. Zum Beispiel wird Stabilität durch das Wahrnehmen der Füße im Kontakt mit dem Boden erfahrbar. Entspanntheit und Leichtigkeit können durch das Schütteln initiiert werden. Das Anheben und Ausbreiten der Arme verbinden mit Weite und Offenheit.

Die folgende Übungsreihe habe ich in einem Seminar der Meditationslehrerin Marie Mannschatz zur Kultivierung von Freundlichkeit kennengelernt und gebe sie auch gerne in meinen Kursen weiter. Die Bewegungen öffnen und weiten den Herz- und Brustraum, aktivieren, zentrieren und beruhigen gleichermaßen. Probieren Sie es mit der Audiodatei oder anhand der Zeichnungen und des Anleitungstextes selbst einmal aus.

Übungswoche 1 Im Körper zu Hause sein – ruhig und bewegt

Abb. 3.4: Das Herz weiten

Das Herz weiten

Sie können diese Übung im Stehen, Sitzen oder Liegen durchführen. Lassen Sie sich bewusst in einer Haltung ankommen, die jetzt für Sie passt. Sie können mit dem fließenden Atem üben oder Atem und Bewegung zusammenbringen. Beim Einatmen bewegen sich die Arme über die Seiten nach oben, bis sich beide Handflächen über dem Kopf berühren. Wie fühlt sich die Berührung der Hände an? Nun mit dem fließenden Atem oder dem nächsten Ausatmen die Arme und die zusammengelegten Hände über die Körpermittellinie zum Herzbereich sinken lassen. Mit dem nächsten Einatmen die Arme seitlich öffnen und die entstehende Weite im gesamten Oberkörper spüren. Und mit dem Ausatmen die Arme und Hände sinken und neben dem Körper ankommen lassen. Kurz nachspüren.

Dann wieder die Arme und Hände sich seitlich heben lassen. Üben Sie mehrere Durchgänge in Ihrem gewählten Tempo und halten Sie immer wieder in einer Position inne, um die Körperempfindungen in dieser Haltung zu spüren. Zum Abschluss gönnen Sie sich noch einige Momente, um in Ruhe nachzuspüren.

Häufige Fragen beim Üben der achtsamen Bewegung

Müssen die Bewegungen langsam ausgeführt werden?

Es kann hilfreich sein, mit Langsamkeit zu experimentieren. Die entschleunigte Bewegung ermöglicht es, die vielen Körperempfindungen besser zu spüren. Oft erleben wir langsame, fließend durchgeführte Bewegungen als beruhigend und zentrierend. Wir kontrollieren dabei weniger die Bewegung, sondern lassen sie geschehen, sich entwickeln, fließen. Die ständige, kontinuierliche Veränderung der Erfahrung wird dabei spürbar. Langsamkeit lässt uns mehr Raum und Zeit, hinzuspüren und in Ruhe wahrzunehmen. Es ist auch sinnvoll, das Tempo der Bewegungen zu variieren und damit zu spielen. Dann können Sie herausfinden, welche Geschwindigkeit eher beruhigt und welches Tempo energetisiert und erfrischt.

Wie lassen sich Meditationen in Ruhe und Bewegung kombinieren?

Viele Menschen finden es wohltuend, die Meditationszeit mit Bewegungen zu beginnen und dann den Body Scan oder eine Sitzmeditation anzuschließen. Die Bewegung ermöglicht, von einem getriebenen Alltagsmodus in einen wahrnehmenden, spürenden, meditativen Seinsmodus zu wechseln. Dann fällt das Üben in Ruhe meist leichter. Aber probieren Sie auch dies selbst aus.

Reflexion der 1. Übungswoche

- Was hat Ihnen geholfen zu üben? Was war herausfordernd?
- Was haben Sie durch das Üben des Body Scans gelernt?
- Welche Erfahrungen haben Sie mit dem Üben der achtsamen Bewegung gemacht?
- Notieren Sie, wo im Körper Sie Stress und Überlastung spüren und wie sich das anfühlt. Was sind erste Anzeichen von Belastung im Körper?
- Machen Sie eine Liste von Aktivitäten, die Ihrem Körper guttun (schwimmen, wandern, tanzen, Badewanne, Massage …). Notieren Sie, wie sich diese wohltuenden Tätigkeiten im Körper anfühlen (entspannend in den Armen, befreiend im gesamten Körper usw.).

Übungswoche 2
Fokus finden – atmend und gehend

> **Übersicht**
>
> In dieser Woche lernen Sie, sich bei der Atemmeditation und der Gehmeditation zu fokussieren. Die Sammlung der Aufmerksamkeit stärkt Ruhe und Zentriertheit.
>
> **Ziele:**
> - Den Atem als Bindeglied zwischen Körper, Geist und Emotion erfahren.
> - Die Aufmerksamkeit beim Atem fokussieren.
> - Erkennen, was den Geist zerstreut und was ihn sammelt.
> - Die Atembeobachtung und die Gehmeditation inmitten des Alltags anwenden.
>
> **Übungspraxis:**
> Sie üben an einem Tag die Atemmeditation und am nächsten Tag die Gehmeditation. An einem Tag der Woche gönnen Sie sich eine Übungspause. Im Alltag halten Sie immer einmal inne, um den Atem wahrzunehmen. Und Sie gehen eine Wegstrecke mit mehr Bewusstheit.
>
> - Atemmeditation
> - Gehmeditation
> - Den Selbstfürsorgebogen (▶ AB 2) bitte täglich morgens und abends ausfüllen.

Der Atem als Anker für Lebendigkeit

> »Der Atem ist wie ein Fluss, der durch ein trockenes Tal fließt und alles, was er berührt, mit Leben erfüllt.« (Vidyamala Burch)

Der Atem begleitet uns das gesamte Leben hindurch vom ersten bis zum letzten Atemzug. Er ist immer nur in diesem Moment spürbar und steht uns jederzeit zur Verfügung. Einerseits geschieht der Atem unwillkürlich, ob wir an ihn denken oder nicht. Andererseits können wir unseren Atem bewusst beeinflussen, indem wir ihn anhalten oder vertiefen. Der Atem ist ein Bindeglied zwischen Körper, Geist und Emotion. Wenn wir etwas Unangenehmes erfahren, halten wir oft den Atem an. Auch wenn wir tanzen oder uns entspannen, bemerken wir die Resonanz im Atem. Der Geist lässt sich beruhigen, indem wir die Aufmerksamkeit beim Atem fokussieren. All diese Faktoren machen den Atem zu einem hilfreichen Objekt unserer Meditation. Weil er ein so verlässlicher Begleiter ist, spüren wir oft gar nicht mehr bewusst hin. Deshalb beginnen wir hier zunächst mit einem interessierten Wahrnehmen des Atems.

Den Atem erkunden

Erlauben Sie sich, neugierig auf den Atem zu sein und ihn zu erforschen. Legen Sie sich bequem auf den Rücken. Spüren Sie den Kontakt mit der Liegefläche und lassen Sie sich tragen. Sich der Schwerkraft anvertrauen. Der Körper darf sich entspannen. Sie können beide Hände auf den Bauchbereich legen und spüren, wie die Hände durch den Atem bewegt werden. Das Einatmen und das Ausatmen spüren und den Atem so sein lassen, wie er kommt und geht. Sie beginnen, den Atem an unterschiedlichen Bereichen des Bauches zu erkunden: den Atem im unteren Bauchbereich spüren, lassen Sie sich Zeit, lassen Sie den Atem geschehen. Das Einatmen wahrnehmen und das Ausatmen spüren. Vielleicht möchten Sie auch mal tiefer ein- und ausatmen. Nun die Hände auf den oberen Bauchbereich legen und neugierig hin fühlen. Vielleicht auch die Hände seitlich oberhalb der Hüften ablegen und den Atem dort wahrnehmen. Das Ausdehnen mit dem Einatmen und das Sinken mit dem Ausatmen. Sich Zeit lassen, den Atem spüren, ohne etwas verändern zu müssen. Nun die Hände auf den oberen Brustbereich legen und den Atem dort fühlen. Sich der Atembewegung bewusst werden. Die Arme und Hände jetzt gerne neben den Körper legen. Und nochmals den Fokus wechseln und mit der Aufmerksamkeit zum Beckenbereich wandern. Ist der Atem auch im Beckenraum wahrnehmbar? Sich Zeit nehmen, freundlich spüren. Sich bewusst werden, Einatmung geschieht und Ausatmung geschieht. Mit Wohlwollen nun die Aufmerksamkeit zum Rücken lenken und sich für die Atembewegungen dort interessieren. Den Atem ein- und ausströmen, fließen lassen. Sich Zeit nehmen nachzuspüren.

Hat sich etwas durch diese kurze Übung verändert, fühlen Sie sich müder oder erfrischter? Unruhiger oder entspannter? Einfach registrieren.

Oft machen Übende sich Gedanken, wie der Atem idealerweise sein sollte und verpassen den Atem, wie er sich im gegenwärtigen Moment zeigt. Der Atem ist ständig im Fluss, bewegt und durchströmt den Körper. Sich diesem natürlichen Rhythmus anzuvertrauen, lässt in der Gegenwart ankommen. Der vergangene Atemzug ist Erinnerung, der kommende eine Vorstellung. Aber der Atemzug in diesem Augenblick ist gegenwärtiges Lebendig-sein. Auf den Wellen des Atems zu schaukeln, führt zu Entspannung und beruhigt unser Nervensystem. Der Atem lässt sich auch als Anker für unsere Aufmerksamkeit nutzen, der uns inmitten der Gedanken stabilisiert. Menschen fühlen sich von den vielen Dingen, die auf ihrer To-do-Liste stehen, angetrieben. Sie versuchen manchmal, mehrere Sachen gleichzeitig zu tun, um alles zu schaffen. Doch Multitasking bedeutet nur ein ständiges Hin- und Herspringen der Aufmerksamkeit, erschöpft und führt zu Fehlern. Unser Geist wird oft als ein »wandernder Geist« bezeichnet und mit einer Affenhorde verglichen, die wild in den Bäumen umherspringt. Meditationsstudien, zeigen, dass der wandernde Geist ein unglücklicher Geist ist (Goleman & Davidson, 2017). Er ist ständig unruhig, beschäftigt mit der Zukunft oder gefangen in der Vergangenheit und meistens tut er dies mit einem Negativdrall. Das Besorgniserregende, Angstmachende, Unerledigte und Konflikthafte ziehen die Gedanken an wie ein starker Magnet.

> Bei einem Online-Seminar zum Thema achtsamkeitsbasierte Selbstfürsorge sagt eine Hebammenschülerin: »Ich habe manchmal einfach Angst, nichts zu tun. Meine Gedanken sind dann so bedrängend. Ich bin ungern mit meinen Gedanken alleine. Mit der angeleiteten Meditation fühle ich mich aber wohl, wie an die Hand genommen.«

Auch im Arbeitskontext denken wir oft mehr über das nach, was nicht gelungen ist, was uns stresst und beunruhigt, als dem Gelingenden Aufmerksamkeit zu schenken. Meditation hilft, zu erkennen, wie unruhig und zerstreut der Geist ist. Und wir lernen uns beim Atem zu fokussieren und zu beruhigen. Das üben wir jetzt in der Atemmeditation.

Fokussierung beim Atem

Erlauben Sie sich, in einem entspannten und aufgerichteten Sitzen anzukommen. Das kann auf einem Stuhl sein, auf einem Sofa oder auf einer Meditationsbank. Es sollte sich stabil anfühlen und Ihnen ermöglichen, die Wirbelsäule möglichst anstrengungslos aufzurichten. So können Sie wach sein und der Atem kann frei fließen. Vielleicht mag sich der Körper auch noch etwas mehr entspannen. Die Augen, der Kiefer können sich lockern und die Schultern können nach hinten unten sinken. Dann nehmen Sie sich Zeit, den Atem im Körper zu spüren, zunächst an der Nase. Den sanften Lufthauch dort wahrnehmen. Die Atmung darf ein- und ausströmen, so wie sie kommt und geht. Nichts verändern müssen. Sich mit einer freundlichen Neugier für den Atem interessieren. Wahrscheinlich haben Sie schon bemerkt, dass der Geist recht schnell abschweift. Das ist ganz normal. Gedanken weisen in die Zukunft oder in die Vergangenheit, rufen uns vielleicht auf, etwas zu tun oder uns mit etwas zu beschäftigen. Gedanken sind aber nur ein Teil unserer Erfahrung. Sie können das Abschweifen bemerken und dann freundlich zum Atem zurückkehren. Den Atem an der Nase erfahren und ein- und ausströmen lassen. Sanft beim Atem verweilen. Die Aufmerksamkeit freundlich und entspannt immer wieder zum Atem bringen.

Nun langsam die Aufmerksamkeit zum Atem im Brustbereich wandern lassen. Wie fühlt sich die Atembewegung dort an? Sich mit dem Atem vertraut machen. Der Atem als verlässlicher Anker, zu dem Sie immer wieder zurückkehren. Die ganze Länge des Einatmens spüren und auch die Länge des Ausatmens wahrnehmen. Das Ein- und Ausströmen des Atems wie es geschieht. Und auch dem Atem im Bauchbereich Aufmerksamkeit zukommen lassen. Neugierig sein, wie sich der Atem dort anfühlt. Den Atem in der Bauchregion spüren. Sich Zeit lassen.

Jetzt eine Stelle im Körper wählen, vielleicht Nase, Brust oder Bauch, wo Sie sich beim Atem fokussieren möchten. Entspannt und neugierig den Atem spüren. Die ganze Länge des Einatmens und die gesamte Länge des Ausatmens fühlen. Immer wenn die Aufmerksamkeit abschweift, es mit Freundlichkeit bemerken und sich erneut beim Atem einfinden. Der Atem ist immer da als Anker in diesem Moment. Die Aufmerksamkeit sanft dort verweilen lassen. Den Atem noch einige Momente in Stille wahrnehmen.

Sich dann langsam beginnen zu bewegen, sich strecken, die Augen öffnen.

Nun können Sie sich noch etwas Zeit nehmen, um die Erfahrungen zu reflektieren.

Reflexion der Atemmeditation

- Welche Erfahrungen haben Sie gemacht?
- Wo im Körper ist es für Sie leicht und angenehm, den Atem zu spüren?
- Wie haben Sie auf das Abschweifen des Geistes reagiert? Haben sich abwertende, kritisierende Stimmen gemeldet? Und wie sind Sie damit umgegangen?

Bei der Atemmeditation üben wir uns darin, die Aufmerksamkeit immer wieder bei einer Stelle im Körper ankommen und verweilen zu lassen. Die Beruhigung und Sammlung des Geistes werden dabei geschult. Zunächst erscheint uns der Geist aber als rastlos und wir sind vielleicht überrascht, wie viele Gedanken sich zeigen. Im Laufe des Kurses werden Sie bemerken, dass die Gedanken einfach dazugehören. Sie können als Züge gesehen werden, die in den Bahnhof unseres Geistes einfahren. Aber wir können wählen und müssen nicht in jeden Zug einsteigen. Die Atemmeditation hilft uns, bewusst am Gleis stehen zu bleiben.

Häufige Fragen beim Üben der Atemmeditation

Mein Atem verändert sich sofort, wenn ich ihm Aufmerksamkeit schenke. Mache ich etwas falsch?

Das ist oft so, wenn wir bewusst die Aufmerksamkeit auf etwas lenken, das sonst automatisch und unbewusst geschieht. Wenn sich der Atem durch das Spüren und die Beobachtung verändert, dann ist das ok. In der Atemmeditation geht es nicht darum, auf eine bestimmte Art zu atmen oder den Atem zu optimieren. Sondern wir üben uns darin, den Atem zu spüren, wie er sich zeigt. Wir sammeln unsere Aufmerksamkeit beim Atem im Körper und zentrieren uns dadurch. Hilfreich ist dabei eine innere entspannte und wache Haltung. Wir wollen nicht weg dösen, aber uns auch nicht zu sehr anstrengen. Die Neugier für den Atem, die akzeptierende, freundliche Zuwendung zum Atem ist entscheidend.

Kann ich das Abschweifen und das viele Denken verhindern?

Manchmal versucht man, Gedanken zu unterdrücken oder zu bekämpfen. Studien haben aber interessanterweise gezeigt, dass dies zur Verstärkung der Gedanken führt. Es ist hilfreich, die Gedanken als Teil der Erfahrung zu sehen. Das Abschweifen müssen Sie also nicht verhindern, sondern es gibt uns die Chance, bewusst wahrzunehmen, wo unsere Aufmerksamkeit gerade ist. Es entsteht dadurch die Möglichkeit, sich wieder beim Atem einzufinden. So trainieren Sie den »Rückkehrmuskel«.

Den Atem haben wir immer dabei. Das hilft uns auch im Alltag. Wir können in jedem Moment kurz innehalten und den Atem im Körper spüren. Dadurch kommen wir wieder in die Gegenwart, können uns sammeln und uns bewusster ausrichten. Es kann auch vor wichtigen Herausforderungen sehr sinnvoll sein, einige bewusste Atemzüge zu nehmen. Auch im Kontakt mit Menschen, die wir unterstützen, ist unsere Atem hilfreich. Wenn wir unsere Atmung wahrnehmen, sind wir präsenter mit uns und dem Gegenüber. Wir können durch ein ruhigeres Atmen uns und den anderen Menschen beruhigen. Atmen stiftet dadurch auch Verbindung. Wenn wir emotional aufgewühlt und aufgebracht sind, wenn wir uns ärgern und starke Impulse spüren, hilft die Wahrnehmung des Atems, zunächst mal nichts zu tun und uns zu beruhigen.

Wir werden jetzt sehen, wie das achtsame Gehen beim Fokussieren hilft.

Die Gehmeditation – der Weg ist das Ziel

> »Zweck der Gehmeditation ist die Gehmeditation selbst. Entscheidend ist das Gehen, nicht das Ankommen, denn Gehmeditation ist kein Mittel, es ist das Ziel selbst.« (Thich Nhat Hanh)

Gehen zu lernen hat uns als Kinder viel Bemühen gekostet, krabbeln, sich hochziehen, hinfallen, wieder aufstehen, stehen können, die ersten Schritte machen und lernen, das Gleichgewicht zu halten. Als Erwachsene gehen wir, ohne dass wir dem Gehen bewusst Aufmerksamkeit schenken. In der Gehmeditation tun wir aber genau das. Bei der Atemmeditation ist die Atembewegung im Körper der Fokus. Bei der Gehmeditation lenken wir die Aufmerksamkeit zum Kontakt der Fußsohlen mit dem Boden. Der Fokus in der Gehmeditation ist die Berührung der Füße mit dem Untergrund. Mit Interesse bemerken wir, wie wir einen Fuß abheben und wieder aufsetzen. Wir spüren die Fußsohle in Verbindung mit dem Teppich, dem Holzboden, mit Gras oder Sand.

Im Alltag wollen wir ständig irgendwohin und meistens möglichst schnell. Wir gehen zum Bus, wir eilen in ein Patientenzimmer, zur Schulklasse, zur Tür, um einer Klientin zu öffnen. Meist haben wir dabei nur das Ziel im Kopf. Bei der Gehmeditation ist das Gehen selbst das Ziel. Deshalb können wir einfach im Kreis gehen oder auf einer geraden Strecke hin und her. Wir kommen mit jedem Schritt in diesem Moment an. Rebecca Solnit hat »eine Geschichte des Gehens« geschrieben (Solnit, 2019). Sie erzählt von der Bedeutung des Gehens für das philosophische Denken, von Pilgerreisen, Prozessionen, Protestmärschen und sie streift auch kurz die Gehmeditation. Dabei lotet sie klug aus, dass das Gehen sowohl eine Aktivität als auch ein entspannter Seinszustand ist. Gehen bringt uns in einen gleichmäßigen Rhythmus.

»Gehen selbst ist diejenige willkürliche Handlung, die dem unwillkürlichen Rhythmus des Körpers, dem Atmen und dem Herzschlag, am nächsten kommt. Es hält ein zartes Gleichgewicht zwischen Arbeit und Müßiggang, zwischen Sein und Tun.« (Solnit, 2019, S. 10)

Die Gehmeditation

Vielleicht beginnen Sie bereits jetzt, während Sie lesen, beiden Füßen Aufmerksamkeit zu schenken. Wo befinden sich die Füße? Tragen Sie Socken, Schuhe? Sind beide Füße aufgestellt? Fühlen sich die Füße warm oder kühl an? Vielleicht beginnen Sie, mit den Zehen zu spielen, die Zehen zu bewegen. Und, wenn Sie möchten, die Fußsohlen im Sitzen etwas am Boden massieren, indem Sie die Füße auf die Ballen rollen und dann auf die Fersen, die Außen- und Innenkanten. Und nun lassen Sie sich von Ihren Füßen einladen zu einer Gehmeditation im Zimmer oder draußen im Garten. Wählen Sie eine Strecke, die Sie mit einigen Schritten hin- und hergehen können. Wenn es warm genug ist, kann es angenehm sein, barfuß zu gehen. Lassen Sie sich zunächst im Stehen ankommen. Die Füße schmiegen sich entspannt an den Boden. Neugierig sein, wie sich die Fußsohlen im Kontakt mit dem Boden anfühlen. Dann das Körpergewicht auf den Fußsohlen verlagern, mal mehr nach vorne zu den Zehen oder sogar auf die Zehenspitzen gehen. Dann auf den Ballen, den Mittelfuß und nun auf die Fersen. Mit den Gewichtsverlagerungen spielen und dadurch die Füße im Kontakt mit dem Boden spüren und erkunden. Das Gewicht auf einen Fuß verlagern, sodass der andere Fuß frei wird und in der

Luft sein kann. Dann den frei gewordenen Fuß wieder aufsetzen und das Gewicht darauf ankommen lassen, bis der andere Fuß frei ist. Es entsteht eine Gehbewegung im Stehen. Kommen Sie nun in der Mitte an und verteilen Sie das Körpergewicht gleichmäßig auf beide Füße. Den gesamten Körper fühlen, den Atem spüren und dann mit der Gehmeditation beginnen. Sie gehen mit geöffneten Augen, der Blick ruht in Gehrichtung vor Ihnen. Langsam einen Fuß abheben, in der Luft spüren, wieder aufsetzen, den Kontakt mit dem Boden wahrnehmen, abrollen und das Gewicht verlagern. Wie fühlt sich der Fuß an, wenn er das Körpergewicht trägt und der andere Fuß frei wird? Das Abheben, Aufsetzen und Abrollen spüren und erforschen. So langsam und bewusst einen Fuß nach dem anderen aufsetzen, abrollen und dann wieder abheben. Der Anker Ihrer Aufmerksamkeit sind die Fußsohlen, das ist Ihr Fokus für diese Meditation. Auch beim Gehen wird Ihr Geist abschweifen. Sie bemerken es und kehren wieder freundlich zum Kontakt der Fußsohlen mit dem Boden zurück. Einfach gehen und sich des Gehens bewusst sein. Ankommen in jedem Schritt, genau in diesem Moment im Kontakt mit dem Boden. Nirgendwohin müssen, sondern schon da sein, in diesem Augenblick die Fußsohlen spüren. Wenn Sie einige Schritte gegangen sind, können Sie anhalten, kurz die Augen schließen und den Körper wahrnehmen. Dann wieder die Augen öffnen und wieder weiter gehen. Einfach gehen, mit der Aufmerksamkeit in der Gegenwart. Lassen Sie sich Zeit, in Stille zu gehen und den Kontakt der Fußsohlen mit dem Boden zu spüren.

Zum Schluss sich nochmal etwas Zeit nehmen, den Körper als Ganzes spüren.

Häufige Fragen beim Üben der Gehmeditation

Muss ich ganz langsam gehen?

Das langsame Gehen ermöglicht es meist besser, den Kontakt mit dem Boden zu spüren und sich zu sammeln. Probieren Sie verschiedene Gehgeschwindigkeiten aus und finden Sie für sich heraus, bei welchem Tempo Sie am präsentesten sein können. Wenn wir sehr müde sind, können wir schwungvoller und schneller gehen. Das macht uns wieder frischer und hebt die Stimmung.

Ich bin bei der Gehmeditation so abgelenkt, weil ich viel sehe und höre. Was mache ich da?

Besonders wenn wir draußen gehen, sind wir von vielen Umweltreizen umgeben. Achtsames Gehen im Alltag heißt, wir sind uns der Erfahrung bewusst. Wir müssen Geräusche oder das, was wir sehen, nicht ausblenden, wir können innehalten und bewusst einfach mal nur hören oder sehen. Auch wenn der Kontakt der Füße mit dem Boden unser Hauptfokus ist, bleiben wir empfänglich für das Sehen und Hören. Es kann helfen, mit dem Blick nicht zu sehr umherzuschweifen, sondern die Augen ruhig in die Richtung des Gehens zu lenken. Gerade wenn wir die Gehmeditation in der Natur praktizieren, öffnen wir uns immer wieder auch für die uns umgebende

Schönheit. Wenn wir im Alltag bewusster gehen, lassen wir die Sinne offen, damit wir uns nicht verletzen. Wir blenden dann nichts aus, sondern achten darauf, dass wir für alles präsent bleiben.

> Ich leite ein Achtsamkeitstraining inmitten einer wunderbaren Landschaft. Frühmorgens erproben die Teilnehmenden in einem schönen Garten umgeben von Blumen und Obstbäumen die Gehmeditation. Die Turmuhr der Kirche klingt, viele Vögel sind zu hören. Wir gehen in einem großen Kreis, halten immer wieder inne, um einfach nur zu sehen und zu hören oder den Körper zu spüren. Eine Kursteilnehmerin sagt: »Ich fühle mich so verbunden mit dem Boden, auf dem ich gehe, in Kontakt mit meinem Körper und allem was mich umgibt. Das ist ein beglückendes, stärkendes Gefühl. Das nehme ich mit nach Hause und übe weiter in meinem kleinen Blumengarten daheim.«

Sowohl die Atemmeditation als auch die Gehmeditation helfen uns, mehr in der Gegenwart zu sein. Wir sammeln und bündeln unsere Aufmerksamkeit auf eine entspannte und bewusste Weise. Damit geben wir auch unserem Geist die Möglichkeit, zur Ruhe zu kommen und mehr in der Gegenwart zu sein. Ein ruhiger und präsenter Geist ist ein zufriedener Geist, der nicht den einzigen Moment verpasst, in dem wir leben: das Jetzt. Sowohl die Wahrnehmung des Atems als auch das bewusste Gehen sind inmitten des Alltags möglich. Die Gehmeditation hilft uns, wenn wir sehr unruhig sind, uns gestresst fühlen oder emotional aufgewirbelt sind. Wie das folgende Beispiel zeigt, kann das bewusste Gehen uns unterstützen, mit starken Emotionen umzugehen. Wir laufen nicht vor unseren Gefühlen weg, aber durch das Gehen kommen wir wieder mehr bei uns und in einem ruhigeren Zustand an.

»Bei den Eskimos gibt es einen Brauch, bei dem man seinen Ärger abläs st, indem man in gerader Linie durchs Land läuft, bis einen diese Empfindungen verlassen haben. Die Stelle, an der der Ärger überwunden ist, wird mit einem Stock markiert, der das Ausmaß oder die Dauer der Wut bezeugt.« (Lucy R. Lippard, in Solnit, R., 2019, S. 11)

Reflexion der 2. Übungswoche

- Was hat geholfen zu üben? Was war herausfordernd?
- Was haben Sie durch das Üben der Atemmeditation erfahren?
- Welche Erfahrungen haben Sie mit der Gehmeditation gemacht?
- Was hilft Ihnen, im Alltag innezuhalten, um einige Atemzüge bewusst zu spüren oder eine kurze Strecke bewusst zu gehen?
- Was bemerken Sie, wenn Sie sich die ausgefüllten Selbstfürsorgebögen der Woche nochmals anschauen?

Übungswoche 3
Offenes Gewahrsein – hörend und Gedanken beobachtend

> **Übersicht**
>
> In dieser Woche lernen Sie, die Aufmerksamkeit bewusst auszuweiten. Dabei ist das achtsame Hören hilfreich. Sie nehmen Gedanken als Teil Ihrer Erfahrung wahr, ohne sich in ihnen zu verlieren.
>
> **Ziele:**
> - Sie üben sich darin, die Aufmerksamkeit zu weiten und den Fluss der Erfahrung zu beobachten.
> - Sie erleben die Hörmeditation als Form äußerer Achtsamkeit.
> - Sie erkennen, dass Gedanken mentale Ereignisse sind und nur einen Teil Ihrer Erfahrung ausmachen.
>
> **Übungspraxis:**
> Sie üben an einem Tag die Hörmeditation, am nächsten Tag die Gedankenbeobachtung. An einem Tag der Woche gönnen Sie sich eine Übungspause. Sie können auch im Alltag für einige Momente innehalten und sich der umgebenden Geräusche bewusst werden. Und Sie werden sich im Alltag immer wieder der Gedanken bewusst.
>
> - Achtsames Hören.
> - Gedankenbeobachtung.
> - Den Selbstfürsorgebogen (▶ AB 2) bitte täglich morgens und abends ausfüllen.

Das achtsame Hören

> »Ich habe der Musik des Alltags gelauscht, das hat mich beglückt.« (eine Kursteilnehmerin nach der Hörmeditation)

Wir können unsere Aufmerksamkeit nach innen lenken zu unserem Körper, unserem Atem, den Gedanken. Und es gibt die Möglichkeit, die Aufmerksamkeit nach außen zu richten zu Gerüchen, Sehempfindungen, Geräuschen. Meditation macht uns deutlich, dass Innen und Außen in ständiger Verbindung miteinander stehen. Wir erkennen die Wechselwirkung und das permanente Zusammenspiel von inneren und äußeren Vorgängen. In der letzten Woche haben Sie geübt, sich zu fokussieren und dadurch Ihren Geist beruhigt und gesammelt. Sie lernen jetzt die Erweiterung und Ausdehnung der Aufmerksamkeit kennen. Wie bei einer Kamera können Sie die Linse so einstellen, dass Sie ein Detail fokussieren oder die Perspektive erweitern und ein Panoramabild machen. Die Meditation des Hörens ermöglicht es, sich mit einem weiten, offenen Fokus vertraut zu machen. Während ich diese Zeilen an einem Frühlingsmorgen bei geöffnetem Fenster schreibe, höre ich verschiedene Vögel singen, eine schöne Einstimmung auf die Übung des achtsamen Hörens.

Achtsames Hören

Vielleicht möchten Sie das Fenster öffnen oder auch auf dem Balkon oder in der Natur üben. Machen Sie es sich im Sitzen bequem. Sie können diese Übung aber auch im Liegen oder Stehen durchführen. Wenn es für Sie angenehm ist, können Sie gerne die Augen schließen. Spüren Sie die stabile Verbindung zum Boden, zur Sitz- oder Liegefläche. Der Körper darf sich entspannen und Sie können einige Atemzüge bewusst wahrnehmen. Dann lassen Sie langsam den Fokus Ihrer Aufmerksamkeit weiter werden und wenden sich dem Hören zu. Seien Sie neugierig, welche Geräusche Sie um sich herum, im Zimmer, in der Wohnung, im Haus oder draußen wahrnehmen. Sie müssen keine Geräusche suchen. Wie ein Mikrofon nehmen Sie alle Geräusche auf und empfangen sie. Einfach hören. Lassen Sie Ihren Fokus weit sein, räumlich, offen für das Hören. Wenden Sie sich der Musik des Alltags mit Neugier und Offenheit zu. Seien Sie sich bewusst, dass Sie in diesem Moment hören. Sie können bemerken, wie Geräusche beginnen, sich entwickeln und vielleicht auch wieder verschwinden. Sich dem Fluss des Hörens zuwenden, unabhängig davon, ob Sie Geräusche als angenehm oder unangenehm empfinden, einfach hören. Sie müssen die Geräusche auch nicht einordnen können, sondern sich erlauben, nur zu hören. Die Lautstärke, die Entwicklung der Geräusche wahrnehmen, die Pausen zwischen Geräuschen und die Stille.

Zum Schluss der Übung noch einige Atemzüge bewusst spüren und dann die Augen öffnen und sich strecken.

Wie haben Sie diese Übung erlebt? Gab es Überraschungen? Das achtsame Hören lädt ein, uns für die Geräusche zu interessieren. Wir üben uns darin zu empfangen, aufzunehmen, die Geräusche zuzulassen. Viele Menschen, auch diejenigen, die geräuschempfindlich sind, erleben diese Übung als angenehm, weil sie sich den Geräuschen zuwenden, ohne gegen sie anzukämpfen. Das Hören ist eine gute Übung, um sich mit der Ausdehnung der Aufmerksamkeit vertraut zu machen. Unsere Ohren befinden sich seitlich am Kopf und ermöglichen damit ein räumliches Wahrnehmen von Geräuschen. Wenn wir unseren Fokus erweitern und uns der Erfahrung so zuwenden, wie sie von Moment zu Moment geschieht, dann fühlen wir uns verbunden mit dem Fluss der Erfahrung. Wir erkennen, dass permanent Veränderung geschieht. Geräusche tauchen auf, entwickeln sich und klingen aus. Wir werden uns des alltäglichen Klangteppichs bewusst. Es gibt dabei vielleicht auch poetische, inspirierende Momente. Das Hören ist ein Wunder.

> So einen magischen Moment erleben wir in einem Stressbewältigungskurs. Es ist ein lauer Sommerabend inmitten der Großstadt. Wir haben die Augen geschlossen und lassen uns in der Stille ankommen. Dann beginnt das Prasseln des Regens. Wir sitzen einfach da und lauschen. Der Stille und der Musik des Regens. Nach der Meditation sagt eine Teilnehmerin: »Ich war plötzlich ganz da. Anwesend. Und habe gespürt, wie schön die Gegenwart sein kann.«

Häufige Fragen beim Üben des achtsamen Hörens

Brauche ich für die Meditation nicht Stille oder gleichmäßige, angenehme Geräusche?

In unserer Vorstellung verbinden wir Meditation oft mit Stille. Natürlich ist es sehr schön und auch regenerierend an ruhigen Orten zu üben. Viele Meditationszentren liegen inmitten wunderbarer Natur und nicht an einer Autobahnraststätte. Es kann hilfreich sein, über mehrere Tage im Schweigen zu meditieren und dadurch mehr zu sich zu kommen. Wenn wir in unserem Alltag meditieren, sind oft Alltagsgeräusche da, die uns stören. Wir können uns an ein wichtiges Ziel der Meditation erinnern, das ist die Präsenz. Geräusche helfen uns, in diesem Moment anwesend zu sein, wir heißen sie willkommen als Teil unserer aktuellen Erfahrung. Wir lernen dabei auch unsere innere Reaktivität kennen. Wir bemerken, wenn wir Geräusche als unangenehm erleben und sie vielleicht ablehnen oder gegen sie ankämpfen. Wir erkennen, ob wir Geräusche mögen und uns wünschen, dass sie bleiben. Dabei üben wir, die Erfahrung so anzunehmen wie sie ist und uns nicht in Wunschvorstellungen zu verlieren. Sehr laute, eindringliche Geräusche können allerdings auch sehr belastend sein. Wir schließen dann die Fenster oder suchen einen ruhigeren Platz zum Meditieren.

Ich habe einen Tinnitus, wie gehe ich mit den Ohrgeräuschen in der Meditation um?

Die Schulung der bewussten Aufmerksamkeit durch Meditation kann sehr hilfreich bei störenden Ohrgeräuschen sein. Meditation eröffnet uns neue Möglichkeiten im Umgang mit Herausforderungen. Wir können uns beim Atem beruhigen, den Körper spüren und sind somit nicht mehr so fixiert auf das Negative. Ein Fokuswechsel und eine Sammlung der Aufmerksamkeit bei etwas Angenehmem oder Neutralem kann helfen, mit Unangenehmem umzugehen. Das achtsame Hören erlaubt es, sich allen Geräuschen, auch den Ohrgeräuschen, entspannt und bewusst zuzuwenden. Die Aufmerksamkeit kann zu den störenden Ohrgeräuschen gelenkt werden, aber auch zu einem anderen Objekt, z. B. dem Atem oder dem Kontakt mit dem Boden. Es wird möglich, flexibler mit der Aufmerksamkeit zu werden und diese

Wahlfreiheit entspannt uns. Die Angst vor den Ohrgeräuschen nimmt ab, die Akzeptanz zu.

Das Üben der äußeren Achtsamkeit, des Hörens, Sehens, Riechens hilft uns dann besonders, wenn wir im Inneren sehr unruhig und aufgewühlt sind. Ein externer Anker sorgt für eine gute, hilfreiche Distanz zu den eigenen inneren Turbulenzen und lässt uns gleichzeitig in Kontakt mit dem gegenwärtigen Erleben bleiben. Wir lernen zu wählen, wohin wir unsere Aufmerksamkeit lenken und was im aktuellen Moment ratsam und hilfreich im Sinne der Selbstfürsorge ist.

Wenn wir uns entspannt fokussieren, zum Beispiel beim Atem, dann können wir uns beruhigen und sammeln. Die Erweiterung des Fokus bringt uns mit den Qualitäten eines offenen Geistes in Verbindung. Das klingt erst einmal etwas abstrakt. Vielleicht verdeutlichen bildliche Umschreibungen das Gemeinte. Der Geist kann weit werden, wie ein blauer Himmel, wie ein weites Meer und darin sind unsere Erfahrungen aufgehoben. Wenn es uns gelingt, den Geist zu öffnen und einfach zu beobachten, was sich zeigt an Geräuschen, Gedanken und Gefühlen, dann lassen wir die Fixierung los. Oft vergrößert das Festhalten an Negativem unser Leid. Die Erweiterung des Fokus löst das Klammern und entspannt. Wir spüren, wie sich die Erfahrung ständig wandelt. Wir werden damit psychisch flexibler und schaffen eine gute Basis für gelingende Selbstfürsorge.

> »Entfalte einen Geist, so unermesslich wie der Raum,
> in dem angenehme und unangenehme Erfahrungen
> auftauchen und verschwinden können
> ohne Streit, ohne Kampf oder Schaden.
> Ruhe in einem Geist, unermesslich wie der weite Himmel.«
> (Buddha)

In einem offenen weiten Geist kann vieles, auch unangenehmes akzeptierend aufgehoben sein, ohne dass sich die gesamte Wahrnehmung negativ einfärbt. Wir wenden uns jetzt der Gedankenbeobachtung zu, der Möglichkeit, Gedanken als Wolken in einem weiten Himmel zu betrachten.

Gedanken sind keine Tatsachen – die meditative Gedankenbeobachtung

> Glaube nicht alles, was du denkst.

Unsere Welt ist durch eine Informationsflut, Bilder und Worte geprägt, die unser Denken stark anregen und oft auch übererregen und überfordern. Es wirbeln ständig Gedanken im Kopf herum, häufig bezogen auf negative, ungelöste, konflikthafte Themen. Wir erzählen uns permanent Geschichten über unsere vermeintlichen Fehler in der Vergangenheit oder über Ängste und Sorgen der Zukunft. Manchmal lassen uns die Gedanken nicht einschlafen oder wir wachen nachts auf und gehen unsere To-do-Listen durch. Oft sind unsere Gedanken nicht sehr originell, sondern sie wiederholen sich, sind wie automatisierte Gewohnheiten, Muster, die wir nicht so leicht abstreifen können. Gedanken stehen in einem engen Zusammenhang mit unseren Gefühlen. Sind wir traurig gestimmt, sind auch unsere Gedanken negativer gefärbt. Denken wir sehr kritisch, dann schauen wir wie durch eine sehr bewertende, vielleicht sogar abwertende, Brille in die Welt und fühlen uns eher unsicher, zweifelnd oder auch ärgerlich.

Gedanken wirken auch auf unseren Körper, wie das folgende Beispiel zeigt.

> Eine Psychotherapeutin besucht einen Meditationskurs bei mir. Sie bemerkt: »Ich erkenne jetzt ein Muster bei mir. Meine Gedanken eilen oft schon in die Zukunft und zwar zu Sorgen und Ängsten. Und dann spannt sich mein Körper an. Ich bekomme Herzklopfen. Es ist so als würde ich das Negative schon erleben, obwohl es ja noch gar nicht da ist. Vielleicht auch gar nicht eintritt. Die reine gedankliche Vorstellung bereitet mir schon Stress.«

Gedanken führen auch zu Handlungsimpulsen und prägen unser Verhalten mit. Wenn wir mehrfach am Tag denken: »Ich kann das nicht.«, hat das Einfluss auf unser Handeln. Wir trauen uns weniger zu und vermeiden Situationen. Oft glauben wir den Gedanken und halten sie für wahr. Wir verschmelzen mit einem Gedanken und identifizieren uns mit ihm. Das engt unsere Denk- und Verhaltensmöglichkeiten ein.

Abb. 3.5: Mit Gedanken verschmelzen

Doch Gedanken sind nicht unsere Feinde. Sie erlauben uns, sehr assoziativ zu sein und auf tolle, kreative Ideen zu kommen und Lösungen für Probleme zu finden. Es gibt Gedanken, die sind genial und inspirierend. Gedanken werden erst dann zum Problem, wenn sie sehr negativ und einseitig gefärbt sind, wenn sie uns bedrängen und wenn wir sie glauben. Schwirig wird es für uns, wenn wir nicht in unserem Körper verankert sind und völlig in Gedanken verloren gehen. Grübeln, das ständige mentale Wiederkäuen von negativen Gedanken, ist anstrengend und drückt die Stimmung. Wir fühlen uns erstarrt und unlebendig, wie hinter einer Mauer aus Gedanken. Je mehr wir im Körper verankert sind, umso weniger können uns die

Gedanken etwas anhaben. Deshalb sind das Üben des Body Scans und der achtsamen Bewegung so wichtig.

Die Fokussierung beim Atem hilft uns, den Gedanken nicht hinterherzurennen, sondern uns beim Atem im Körper zu beruhigen. Bei der Gehmeditation können wir präsenter werden, das fixierte Denken kommt dadurch wieder mehr in Bewegung, lockert sich. Viele Philosophen und Autorinnen haben immer wieder beschrieben, wie hilfreich das Gehen ist, um Gedanken loszulassen und auf neue Ideen zu kommen. In der Meditation verändern wir die Inhalte des Denkens nicht, wir bemühen uns nicht, positiver zu denken. Wir lernen anders mit unseren Gedanken umzugehen, bewusster und klüger. Das erproben wir jetzt in der nächsten Meditation.

Die Gedanken beobachten

Vielleicht möchten Sie sich zunächst etwas dehnen und strecken und Ihren Körper spüren. Und sich dann in einem bequemen und aufrechten Sitz ankommen lassen. Der Körper darf sich entspannen, die Schultern können nach hinten und unten sinken. Und sich beim Atem im Körper einfinden und sich einige Momente in Stille Zeit lassen, den Atem zu spüren und die Aufmerksamkeit beim Atem zu sammeln.

Nun langsam den Fokus erweitern und sich neugierig dem Hören zuwenden. Einfach nur hier sitzen und hören. Sich der Geräusche bewusst werden, wie sie kommen und gehen, sich verändern. Vielleicht ist auch die Vorstellung eines weiten Raums hilfreich, in dem die Geräusche sich zeigen, sich verändern und auch wieder verschwinden.

Und nun den Gedanken Aufmerksamkeit schenken wie gerade den Geräuschen. Neugierig sein, den Strom der Gedanken wahrzunehmen. Die Gedanken zeigen sich wie Wolken in einem weiten blauen Himmel. Sie verändern sich, lösen sich auf oder ziehen davon.

Und vielleicht ist es möglich, die Gedanken zu beobachten. Sind viele Gedanken da, oder wenige. Verändern sie sich schnell oder ziehen sie langsam weiter? Sind die Gedanken in die Vergangenheit oder die Zukunft gerichtet?

Sich zwischendurch immer wieder beim Atem einfinden und den Körper spüren. Dann sich wieder den Gedanken zuwenden und sie aus einer guten Distanz beobachten. Den Fluss der Gedanken wahrnehmen, ohne sich in ihm zu verlieren. Gedanken als Teil der Erfahrung sehen, als sich ständig wandelnd erleben.

Zum Abschluss dieser Übung den Atem im Körper spüren, etwas beim Atem verweilen und nun die Augen öffnen und sich strecken.

Durch die Achtsame Präsenz in der Meditation entsteht eine gute Distanz zu Gedanken. Der Gedanke ist nunmehr nur ein mentales Ereignis, nicht die Wahrheit.

Die Inhalte der Gedanken werden in der Meditation nicht verändert. Die Beziehung zu den Gedanken wandelt sich. Sie wird flexibler, bewusster, freundlicher. Wir erhalten mehr Spielraum und Wahlmöglichkeiten, ob wir einem Gedanken folgen, ob wir ihn in Handeln umsetzen oder ihn einfach vorbeiziehen lassen.

Abb. 3.6: Raum zwischen Person und Gedanke

Häufige Fragen beim Üben der Gedankenbeobachtung

Führt das Beobachten von Gedanken nicht zu noch mehr Gedanken?

Wir sind es nicht gewohnt, unsere Gedanken zu beobachten. Wenn wir die Aufmerksamkeit bewusst zu den Gedanken richten, dann sind manchmal gar keine mehr da. Dann gilt es etwas zu warten. Manchmal fühlen wir uns aber auch überfordert von der Menge und dem Tempo der Gedanken. Wenn wir zu sehr ins Denken hineingeraten, können wir uns beim Atem fokussieren und den Körper spüren. Wir üben uns darin, einen Abstand zu den Gedanken zu finden, der es uns erlaubt, sie zu beobachten und uns nicht in sie hineinziehen zu lassen. Beobachten ist kein Denken, sondern ein bewusstes Wahrnehmen.

Was mache ich, wenn ich mich durch Gedanken sehr belastet und bedrängt fühle?

Gedanken können sich bedrängend und vereinnahmend anfühlen. Manchmal ist es gut, erstmal spazieren zu gehen oder sich zu bewegen und später zu meditieren. Das Verankern beim Atem und im Körper bringt mehr in die Gegenwart. Es kann helfen, mit geöffneten Augen zu meditieren oder mit der Übung des achtsamen Hörens anzufangen. In der Meditation kann auch das Bild helfen, sich hinter den Wasserfall der Gedanken zu stellen, um nicht die gesamte Wucht abzubekommen. Das Aufschreiben der Gedanken kann sinnvoll sein, um eine gute Distanz einzunehmen. Auch das Zusammenspiel von Gedanken, Gefühlen und Körperempfindungen lässt sich schriftlich erkunden. Wir erkunden in der Meditation auch, welche körperliche Resonanz auf Gedanken folgt. Spannen wir uns an, werden wir unruhig durch Gedanken? Dann sind wir bereits aus der Grübelspirale ausgestiegen und sind in der bewussten, spürenden Wahrnehmung angekommen. Die innere Haltung, mit der wir auf die Gedanken schauen und meditieren, macht einen wichtigen Unterschied. Können wir freundlich mit uns sein, auch wenn bedrängende Gedanken da sind? Wir werden das Kultivieren von Wohlwollen in der nächsten Woche noch mehr einüben.

Reflexion der 3. Übungswoche

- Welche Erfahrungen haben Sie mit dem achtsamen Hören gemacht?
- Was ist im Umgang mit Gedanken für Sie hilfreich?
- Verändert sich Ihre Selbstfürsorge durch das regelmäßige Üben? Was bemerken Sie genau?
- Welche Auswirkungen hat das Üben auf Ihre Arbeit (Pausenverhalten, Innehalten, Umgang mit sich selbst und anderen)?

Übungswoche 4
Freundlichkeit mit sich selbst – die Mettameditation

Übersicht

Durch die Mettameditation üben Sie sich darin, eine wohlwollende Absicht und Ausrichtung zu kultivieren. Freundlichkeit wird als wichtige Kraft der Selbstfürsorge erfahrbar. Und Sie lernen die Bedeutung von positiven Gefühlen kennen.

Ziele:
- Sie finden und üben Zugänge zu Freundlichkeit.
- Sie lernen die Mettameditation kennen.
- Sie erkunden positive Gefühle, besonders Wertschätzung und Dankbarkeit.

Übungspraxis:
Sie üben täglich die Yogaübung »Das Herz weiten«, die Sie schon in der ersten Übungswoche, kennengelernt haben. Nach der Bewegung schließen Sie direkt die Mettameditation an. Einen Tag in der Woche pausieren Sie mit dem Üben. Sie finden zwei passende Mettasätze für sich. Sie nehmen Freude und Dankbarkeit sich selbst gegenüber in den Blick.

- »Das Herz weiten«
- Die Mettameditation
- Den Selbstfürsorgebogen (▶ AB 2) bitte täglich mit besonderer Beachtung von Wertschätzung und Dankbarkeit sich selbst gegenüber morgens und abends ausfüllen.

»Denn nur wer freundlich und mitfühlend mit sich selbst sein kann, ist in der Lage, ohne in ein Burn-out zu geraten, andere mitfühlend zu begleiten.« (Luise Reddemann)

Menschen in helfenden Berufen wenden sich tagtäglich freundlich und unterstützend anderen Personen zu. Wie aber gehen wir mit uns selbst um? Haben wir gelernt, wohlwollend mit uns zu sein? Die Mettameditation lehrt genau das. Zunächst uns selbst Freundlichkeit zu geben und sie dann anderen zur Verfügung zu stellen. Das Wort »Metta« kommt aus der altindischen Sprache Pali und wird mit »liebevoller Güte«, »Freundschaft« und »Herzenswärme« übersetzt (Mannschatz & Baur, 2015, S. 17). Vielleicht bemerken Sie zunächst eine innere Hürde und haben den Eindruck, egoistisch zu sein, wenn sie Freundlichkeit sich selbst gegenüber etablieren. Dann kann es hilfreich sein zu schauen, welche innere Stimme da spricht. Möglicherweise ging es in der eigenen Herkunftsfamilie darum, streng mit sich zu sein, fordernd und die Erwartungen anderer zu erfüllen. Die Mettameditation erscheint dann zunächst vielleicht sogar verstörend neu. Doch die vielen Rückmeldungen aus meinen Kursen können da ermutigen.

Ein Arzt bemerkt in einem Achtsamkeitstraining immer wieder: »Wenn ich hier eine Sache mitnehme, dann ist es die Freundlichkeit mir selbst gegenüber. Ich habe gar nicht gedacht, wie sehr ich das viele Jahre übersehen habe. Die Mettameditation werde ich weiter üben.«

Eine Psychologin sagt: »Wenn ich mir im Kurs erlaube, mich wahrzunehmen und wohlwollend mit mir zu sein, dann spüre ich, wie gut mir das tut. Freundlichkeit mit mir fühlt sich entspannt und warm im Körper an. Ich komme zur Ruhe.«

In der Mettameditation, auch Herzmeditation genannt, finden wir Zugänge zu Freundlichkeit, die sich für uns stimmig anfühlen. Die Herzregion ist der Körperbereich, der für viele mit Qualitäten von Wohlwollen, wärmender Zuwendung und Akzeptanz verbunden ist. Vielleicht ist es angenehm und beruhigend, den Atem im Brustbereich zu spüren und eine oder beide Hände dorthin zu legen. Probieren Sie es aus und finden Sie Ihre persönlichen Zugänge zu Wohlwollen.

Zugänge zu Freundlichkeit

Nehmen Sie eine bequeme Haltung ein. Vielleicht möchten Sie sich ganz gemütlich hinlegen oder in einen Sessel setzen. Schon dieses Sich-einrichten mit einer Decke, einem Kissen öffnet eine Tür zur Selbstunterstützung. Lassen Sie Ihren Körper vom Boden, der Sitz- oder Liegefläche tragen und seien Sie neugierig, wo Sie noch etwas mehr loslassen können. Sie können in dieser Übung herauszufinden, was für Sie passt und Ihnen guttut. Vielleicht zunächst den Kontakt mit der Sitz- oder Liegefläche fühlen, sich getragen wissen. Sich nun dem Atem in der Bauchregion zuwenden und das Ein- und Ausatmen spüren. Den Atem auch durch den Brustraum, die Herzregion, hindurchströmen lassen. Immer wieder neugierig innehalten und wahrnehmen, wie sich der Körper anfühlt. Wenn Sie möchten, legen Sie eine oder beide Hände auf die Herzgegend und spüren Sie diese Berührung. Die Hände werden vom Atem bewegt. Sich immer wieder entspannen, einfach da sein und wahrnehmen, geschehen lassen. Vielleicht ist dies ein passender Zugang zu Wohlwollen, die Erlaubnis, einfach nur zu liegen oder zu sitzen und den Atem in der Herzregion zu fühlen.

Eine andere Möglichkeit ist, sich an eine Situation der letzten Zeit zu erinnern, in der Sie sich eine Pause gegönnt haben. Eine Situation, in der Sie auf Ihre Bedürfnisse geachtet haben. Lassen Sie sich Zeit. Und seien Sie neugierig, wie sich der Körper anfühlt, während Sie mit dieser wohlwollenden Situation in Kontakt sind. Wird Ihnen wärmer? Entspannen Sie sich mehr? Es ist genauso in Ordnung, wie es ist.

3 Der Meditationskurs – Wege entstehen beim Gehen

Einen weiteren Zugang zu Freundlichkeit kann der imaginierte Kontakt zu einem Wesen, einem kleinen Tier oder Kind eröffnen, in dessen Gegenwart Sie auf eine ganz natürliche Weise Wohlwollen spüren. Wie fühlt es sich im Körper an, in einer freundlichen Resonanz mit diesem Wesen zu sein? Lassen Sie sich Zeit.

Erlauben Sie sich zum Abschluss dieser Übung einfach noch etwas ausruhen. Dann können Sie sich strecken und räkeln, die Augen öffnen und einen sanften Übergang entstehen lassen. Die Freundlichkeit begleitet sie durch den weiteren Tag.

Positive Emotionen – Dankbarkeit und Freude

»Wäre das Wort »Danke« das einzige Gebet, das Du je sprichst, so würde es genügen.« (Meister Eckhart)

Sie haben in den letzten Wochen täglich Ihre Selbstfürsorge in den Blick genommen. Die Fragen nach Vorfreude und Dankbarkeit des Selbstfürsorgefragebogens sind direkt mit Wohlwollen und Freundlichkeit verbunden. Barbara Fredrickson, eine amerikanische Professorin der Psychologie, erforscht das Feld positiver Gefühle. Sie zählt Dankbarkeit und Freude zu den wohltuenden Emotionen, die uns Energie geben, uns stärken und unsere Denk- und Handlungsperspektive erweitern (Fredrickson, 2011).

Abb. 3.7: Die Dankstelle

Die Kultivierung positiver Gefühle trägt zum Aufbau innerer Ressourcen bei und macht uns langfristig widerstandsfähiger im Umgang mit Herausforderungen. Wir sind oft anderen dankbar. Aber wir vergessen, uns selbst wertzuschätzen und uns selbst zu danken. Die Wertschätzung der eigenen Person soll deshalb in dieser Woche mehr Raum bekommen.

Sich selbst danken und sich eine Freude machen

Schreiben Sie täglich auf, wofür Sie sich selbst dankbar sind und was Sie an sich selbst anerkennen und wertschätzen. Achten Sie bewusst darauf, was Ihnen guttut. Machen Sie sich selbst täglich eine Freude (tanzen, lesen, eine gute Freundin anrufen, Tee trinken, mit der Katze spielen). Vielleicht möchten Sie zunächst eine Liste mit Aktivitäten anlegen, die Ihnen Spaß machen, und dann setzen Sie täglich eine davon um.

Wenn Sie etwas tun, wofür Sie sich selbst dankbar sind oder was Ihnen Freude bereitet, dann halten Sie auch kurz inne und fühlen Sie die Resonanz im Körper. Diese Verkörperung von Wertschätzung und Freude intensiviert das Gefühl und stärkt die heilsame Wirkung. Wir können diese positiven Erfahrungen dann später auch besser erinnern und daran anknüpfen.

Forschungsstudien zeigen, dass das Üben der Mettameditation positive Gefühle wie Heiterkeit, Freude und auch Verbundenheit stärkt (Fredrickson, 2013). Deshalb wenden wir uns jetzt gemeinsam der Mettameditation zu.

Die Mettameditation

Zunächst lassen Sie sich im Stehen ankommen und üben die Yogasequenz »Das Herz weiten«. Spüren Sie die Füße in Verbindung mit dem Boden und erlauben Sie den Fußgelenken, Knie- und Hüftgelenken weich und durchlässig zu werden, ohne die Aufrichtung des Körpers zu verlieren. Nehmen Sie den Atem im Körper wahr. Die Arme heben sich langsam über die Seiten nach oben, wenn das möglich, ist bis über den Kopf. Dort legen die Handflächen sich sanft aneinander. Vielleicht möchten Sie kurz innehalten. Dann sinken die Arme und Hände über die Mittellinie des Körper nach unten bis zum Herzbereich. Auch dort kurz verweilen. Vom Herzen aus öffnen sich die Arme seitlich. Spüren Sie die Weite, den Raum, der entsteht. Von den Fingerspitzen der rechten Hand bis zu den Fingerspitzen der linken Hand die Weite wahrnehmen. Nun langsam die Arme neben den Körper sinken lassen. Wenn Sie möchten, üben Sie diesen Ablauf noch ein weiteres Mal.

Nun nehmen Sie eine angenehme Haltung im Sitzen oder Liegen ein und spüren das Nachklingen der Bewegung im Körper. Den fließenden Atem im Bauchbereich fühlen und auch in der Herzregion spüren. Den Atem geschehen lassen. Vielleicht möchten Sie eine oder beide Hände auf den Brustbereich legen und sie vom Atem bewegen lassen. Verbinden Sie sich mit Ihrem Zugang zu Wohlwollen. Einem Wesen, das es Ihnen leicht macht, freundlich zu sein. Oder Sie erinnern sich an eine Situation, in der Sie freundlich mit sich waren.

Lassen Sie sich Zeit, einen Zugang zu Freundlichkeit für sich zu finden. Und spüren Sie die Resonanz im Körper. Vielleicht Entspannung, Wärme, Ruhe.

In der Mettameditation üben wir auch mit Sätzen, die wir in Stille an uns richten. Sie ermöglichen eine positive Ausrichtung des Geistes. Vielleicht möchten Sie zunächst den Sätzen lauschen, die ich spreche und sie dann an sich selbst richten.

»Möge ich glücklich sein.« Probieren Sie aus, wie dieser Satz auf Sie wirkt. »Möge ich glücklich sein.« Richten Sie diesen Satz lautlos, innerlich an sich selbst.

Dann können Sie zu sich sprechen: »Möge ich mich sicher und geborgen fühlen.«

Lassen Sie den Satz für sich nachklingen. »Möge ich mich sicher und geborgen fühlen.« Wie fühlt sich das in Ihrem Körper an? Seien Sie neugierig und offen für die Erfahrung, die sich zeigt.

Nun sprechen Sie den nächsten Satz zu sich: »Möge ich gesund sein.« Lassen Sie sich Zeit zum Nachspüren und wiederholen Sie dann den Satz. »Möge ich gesund sein.«

Und dann den vierten und letzten Mettasatz ausprobieren und freundlich an sich richten: »Möge ich frei und mit Leichtigkeit leben.« Wie fühlt sich der Körper dabei an?

»Möge ich frei und mit Leichtigkeit leben.«

Gerne können Sie zum Schluss in Ruhe nachspüren.

Nun sich langsam strecken, räkeln und die Augen öffnen.

Die Freundlichkeit begleitet Sie auch weiterhin durch den Tag.

Abb. 3.8: Die Mettasätze

> Eine junge Krankenschwester sagt: »Zunächst habe ich gar nichts gefühlt und war eher ablehnend und skeptisch. Dann habe ich gemerkt, wie ich mich nach Freundlichkeit sehne und wie gut sie mir tut. Jetzt taucht bei der Mettameditation immer wieder das Bild auf, von einer großen warmen Hand gehalten zu werden. Ich entspanne mich dann und fühle mich gut aufgehoben. Der Satz ›Möge ich mich sicher und geborgen fühlen‹ berührt mich am meisten.«

Häufige Fragen beim Üben der Mettameditation

Für mich klingen die Sätze altmodisch. Das wirkt auf mich künstlich und fremd. Kann ich nicht eigene Formulierungen oder Sätze verwenden?

Zunächst kann es sinnvoll sein mit den traditionellen Sätzen zu üben und sie auszuprobieren. Die Formulierung »Möge ich glücklich sein.« weist auf die positive Absicht hin, mit der wir üben. Die Mettameditation darf nicht mit positivem Denken verwechselt werden. Es geht also nicht um ein »Ich will glücklich sein.« Wir üben uns in dieser Meditation in einer freundlichen Selbstannahme. Das heißt, wir sind wohlwollend mit unserer Müdigkeit, mit unserem Körper, mit unseren Gedanken und aus dieser Haltung heraus sagen wir die Sätze. Es ist eine Absicht, der wir Raum geben. Kein Wollen oder Optimieren. Gerne können Sie auch mit eigenen Sätzen üben. Wichtig ist, dass die Sätze kurz sind und sich stimmig anfühlen. Üben Sie mit wenigen Sätzen und wiederholen diese, das beruhigt den Geist.

Ich bin so berührt und mir kommen die Tränen, wie ist das zu verstehen?

Die Mettameditation hat eine öffnende Wirkung, sie macht uns weicher, sanfter und damit auch verletzlicher. Das kann uns tief bewegen und Tränen fließen lassen. Sie kann auch an einen alten Schmerz rühren. Ein lang ersehnter Wunsch nach Wertschätzung und Liebe meldet sich vielleicht. Wenn Gefühle überwältigend wirken, dann haben Sie immer die Wahl, auch einen Schritt zurückzutreten. Einen sicheren Bereich des Körpers zu fühlen, zum Beispiel die Füße oder einfach nur die Geräusche wahrzunehmen.

> Eine Sozialarbeiterin übt im Kurs die Mettameditation: »Ich erlebe Metta als so nährend. Ich kann mir selbst etwas Positives geben. Am Anfang war ich sehr traurig, weil ich in meiner Herkunftsfamilie so streng erzogen wurde. Ich hätte mir früher mehr Wohlwollen von meinen Eltern gewünscht. Ich habe jetzt das Gefühl, durch die Mettameditation etwas nachholen zu können.«

Die Mettameditation öffnet Türen zu unserer Emotionalität und kann biografische Verletzungen heilen. Das braucht ein behutsames, geduldiges Dranbleiben und eine für Sie passende Dosierung. Die Mettameditation hilft auch bei herausfordernden Gefühlen wie Angst oder Ärger. Sie erlaubt uns, das anzunehmen, was da ist und beruhigt den Geist. Wir müssen dann nicht aus einer heftigen Emotion heraus reagieren, sondern können besonnener handeln.

Reflexion der 4. Übungswoche

- Welche Zugänge zu Wohlwollen und Freundlichkeit passen zu Ihnen?
- Welche Erfahrungen machen Sie mit der Mettameditation?
- Welche Mettasätze sind für Sie stimmig?
- Was verändert sich, wenn Sie wertschätzender und freundlicher mit sich sind?

Übungswoche 5
Selbstmitgefühl – dem eigenen Schmerz liebevoll begegnen

> **Übersicht**
>
> In dieser Woche wird Selbstmitgefühl als positive Kraft erfahrbar. Sie unterstützen sich und Ihren Körper auch in schmerzhaften Momenten. Sie üben sich darin, Unterstützung anzunehmen.
>
> **Ziele:**
> - Sie lernen Selbstmitgefühl als Schutz vor Erschöpfung und Burnout kennen.
> - Sie üben, schmerzhafte Erfahrungen im Alltag zu erkennen. Und Sie wenden sich dem eigenen Schmerz mit Wohlwollen zu.
> - Sie machen sich damit vertraut, Positives von sich selbst und einem freundlichen Gegenüber anzunehmen.
>
> **Übungspraxis:**
> Sie üben täglich den Mitgefühl-Body-Scan im Wechsel mit der Meditation »Das wohlwollende Wesen«. Einen Tag in der Woche pausieren Sie. Beim Ausfüllen des Selbstfürsorgebogens achten Sie besonders auf die Herausforderungen. Was ist stressig, belastend und schmerzvoll und wie gehen Sie damit um?
>
> - Der Mitgefühl-Body-Scan
> - Das Wohlwollende Wesen
> - Den Selbstfürsorgebogen (▶ AB 2) täglich morgens und abends, unter besonderer Beachtung der Herausforderungen, ausfüllen.

»Die Wurzel des Mitgefühls ist Mitgefühl für sich selber.« (Pema Chödrön)

Menschen in helfenden Berufen sind oft mit den psychischen und körperlichen Leiden anderer Menschen konfrontiert. Sie unterstützen sie darin, ihre eigenen Selbstheilungskräfte zu aktivieren und besser mit den Herausforderungen des Lebens umgehen zu können. Doch das Leiden der anderen berührt auch die Helfenden. Wenn dann noch eine eigene Erkrankung oder die Pflege eines Angehörigen dazu kommen, sind die Belastungsgrenzen erreicht.

Selbstfürsorge braucht die Öffnung für die persönliche Verletzlichkeit, den eigenen Schmerz. Doch haben Menschen in Heilberufen das gelernt? In den Ausbildungen geht es darum, die Wunden anderer zu versorgen, ihre Schmerzen zu lindern, sie zu trösten und ihnen neue Wege aufzuzeigen. Aber sind die Helfenden ausreichend gerüstet, dem eigenen Leiden zu begegnen?

Selbstmitgefühl setzt voraus, dass der eigene Schmerz erkannt wird. Die achtsame Wahrnehmung des Schwierigen ist ein erster Schritt in Richtung Selbstmitgefühl. In einem weiteren Schritt wird es dann möglich, sich mit positiven, hilfreichen Zuständen und Qualitäten zu verbinden. Aus dieser stabilen und unterstützenden Haltung heraus kann den Herausforderungen bewusster und wohlwollender begegnet werden. Dabei geht es aber nicht darum, sich vom Schmerz überwältigen zu lassen. Der geschickte Umgang mit dem eigenen Leid erfordert heilsame Haltungen und Strategien.

Was ist heilsam? Präsenz ist etwas sehr wohltuendes. Auch wenn wir andere Menschen fragen, was ihnen am meisten in einer krisenhaften Situation hilft, dann sagen sie oft: »Das Wichtigste ist, dass du da bist.« Wenn wir selbst in einer schmerzvollen, schwierigen Situation sind, brauchen wir zunächst unsere eigene Präsenz. Selbstmitgefühl bedeutet, für sich selbst anwesend und bewusst zu sein.

Deshalb ist es so wichtig, zunächst in einen ruhigen und spürenden Kontakt mit dem Körper zu kommen. Vielleicht ist es beruhigend, den Atem zu spüren oder eine Hand auf den Brustbereich zu legen. Oft reagieren innere bewertende, antreibende oder fordernde Persönlichkeitsanteile in einer krisenhaften Situation. Sie vermitteln möglicherweise die Botschaften: »Augen zu und durch.«, »Stell dich nicht so an.«, »Das passiert immer nur dir.« oder »Du hast es schon wieder nicht geschafft.«. Diese fordernden, abwertenden Stimmen brauchen Begrenzung und wollen ausbalanciert werden. Selbstmitgefühl bedeutet, die freundlichen, nährenden und verständnisvollen Seiten in uns lauter werden zu lassen. Wohlwollen ist eine heilsame Qualität, die angesichts von Verletzungen, Krankheit und Erschöpfung stärkt. Wir lernen, geduldig mit uns zu sein, liebevoll, unterstützend. Selbstmitgefühl ist keine egoistische Nabelschau, die andere ausgrenzt, sondern eine wahrhaftige Freundlichkeit uns selbst gegenüber. Dies ist eine unabdingbare Voraussetzung, um andere unterstützen zu können, ohne selbst auszubrennen. Selbstmitgefühl ist kein passives Jammern oder Selbstmitleid, sondern eine bewusste, aktive und positive Zuwendung zu sich selbst. Daraus erwächst ein hilfreiches, geschicktes und sinnstiftendes Handeln. In der nächsten Meditation wenden wir uns mitfühlend unserem Körper zu.

 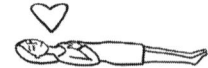

Mitgefühl-Body-Scan

Bevor Sie mit der Meditation beginnen, machen Sie sich bewusst, was Ihr Körper braucht, um gut liegen zu können. Richten Sie es sich angenehm und bequem ein. Erlauben Sie sich, im Kontakt mit der Liegefläche anzukommen und sich tragen zu lassen. Spüren Sie, wie sich die Wahrnehmung des Getragen-werdens anfühlt. Wo möchte der Körper sich noch mehr entspannen? Vielleicht die Augenregion, der Kiefer, die Schultern noch etwas mehr loslassen. Und sich Zeit nehmen, die Verbindung mit dem Atem im Körper zu spüren. Fühlen Sie den

Atem in der Bauchregion und legen Sie beide Hände dorthin. Lassen Sie den Atem ein- und ausströmen.

Und nun schenken Sie Ihrem Körper Aufmerksamkeit. Lassen Sie sich Zeit, Ihren Körper zu spüren. Seien Sie neugierig, wo Sie im Körper Ruhe und Entspanntheit empfinden. Sich erlauben, das Angenehme im Körper wahrzunehmen.

Lenken Sie die Aufmerksamkeit nun zum Herzbereich. Und wenn es für Sie passt, legen Sie beide Hände als wohlwollende Geste dorthin. Schauen, welcher Zugang zu Freundlichkeit sich zeigt. Manchmal taucht ein Bild von einem hellen, wärmenden Licht auf oder eine andere stärkende Vorstellung. Oder Sie erleben ein Gefühl von Weite im Körper.

Das Wohltuende kann sich vom Herzbereich aus im Körper ausbreiten und überall hingelangen. Helligkeit und Wärme berühren auch die Bereiche des Körpers, die es besonders brauchen. Die verspannten Körperstellen werden von Wohlwollen durchströmt. Und auch die Bereiche, die vielleicht schmerzen oder sehr müde sind, werden freundlich wahrgenommen. Das Stärkende, Unterstützende erreicht den gesamten Körper und stellt das zur Verfügung, was gebraucht wird.

Lassen Sie sich Zeit, noch einige Momente in Stille zu ruhen, mit Wohlwollen für sich und den eigenen Körper.

Häufige Fragen beim Üben des Mitgefühl-Body-Scans

Verstärke ich körperlichen Schmerz nicht, wenn ich mich ihm zuwende?

Es kann sein, dass wir den Schmerz intensiver erleben, wenn wir die Aufmerksamkeit zu einer verspannten oder schmerzenden Körperstelle hinwenden. Da ist es hilfreich, mit der Aufmerksamkeit flexibel zu bleiben und sich nicht zu fixieren oder gegen den Schmerz anzukämpfen. Ein Pendeln zwischen einer unangenehmen und einer angenehmen Körperempfindung kann helfen. Wir bemerken, dass beides gleichzeitig da sein kann. Das spürende Erkunden der unangenehmen Körperempfindung fördert oft Akzeptanz und lässt uns wohlwollender mit der Schmerzempfindung sein. Der Atem kann durch die schmerzenden Bereiche hindurchströmen und vielleicht für etwas Weichheit und Entspannung sorgen. In jedem Fall ist es entscheidend, wie Sie sich dem Schmerz zuwenden. Eine ablehnende, vermeidende Haltung wirkt meist schmerzverstärkend. Eine freundliche, erkundende Zuwendung integriert das Herausfordernde und macht die Verbindung mit etwas Positivem möglich. Es gelingt dann, das Schmerzhafte als einen Teil unserer Erfahrung anzunehmen.

Eine junge Ärztin teilt uns in dem Kurs »Meditation am Mittag« folgende Erfahrung mit: »Ich hatte nach unserem Meditationstreffen einen richtig schwierigen Tag. Vieles klappte nicht, ich habe mich sehr gestresst gefühlt. Und dann als ich in der U-Bahn saß, habe ich mich an die Möglichkeit des Selbstmitgefühls erinnert. Ich bin dann freundlicher mit mir umgegangen und habe gedacht, dass es menschlich ist, wie ich fühle. Ich fühlte mich plötzlich mit anderen Menschen verbunden und ich wurde ruhiger. Das war eine schöne Erfahrung.«

In den letzten Wochen haben Sie durch das Üben von Meditation die Beziehung zum Körper gestärkt. Sie haben gelernt, sich beim Atem zu fokussieren, den Fokus zu erweitern und Gedanken zu beobachten. Sie haben sich mit der Bedeutung von Wertschätzung und Freundlichkeit vertraut gemacht. All dies ist hilfreich im Umgang mit den eigenen Herausforderungen. In der Meditation schenken wir uns Aufmerksamkeit und Wohlwollen. Und gleichzeitig üben wir uns darin, uns auch zu öffnen für die Geschenke des Augenblicks. Auch Annehmen will gelernt sein. Meditieren heißt zu spüren, zu empfangen und sich für das Unterstützende zu öffnen und Heilsames anzunehmen. Dies erkunden wir in der folgenden Meditation.

Das Wohlwollende Wesen

Lassen Sie sich in einer entspannten Sitzhaltung ankommen. Spüren Sie den Kontakt zum Boden und zur Sitzfläche. Das Gewicht des Körpers tragen lassen. Entspannung darf sich im Gesicht, in den Schultern zeigen, loslassen dürfen.

Vielleicht möchten Sie einige Momente einfach den Atem wahrnehmen, wie er ein- und ausströmt. Den Atem geschehen lassen.

Und nun in der Vorstellung ein wohlwollendes, akzeptierendes Wesen auftauchen lassen. Sich Zeit geben, in der Fantasie ein Wesen, eine liebevolle Begleiterin, einen unterstützenden Gefährten zu kreieren. Dieses Wesen verkörpert alle Qualitäten des Mitfühlens, die Ihnen wichtig sind. Es kann ein Tier sein, ein Baum, ein Fabelwesen, ein Mensch. Eine Gestalt oder eine Kraft, die sich Ihnen völlig akzeptierend, großherzig und unterstützend zeigt.

Vielleicht taucht ein klares Bild dieses Wesens auf, vielleicht spüren Sie die wohlwollende Stärkung auch mehr atmosphärisch, als eine unsichtbare, kraftvolle Präsenz. Es ist auch völlig in Ordnung, wenn sich nichts zeigt. Die Ausrichtung im Geist ist das Entscheidende.

Eine stärkende, weise Kraft, die sich Ihnen bedingungslos zuwendet. Die Sie mit allen Seiten annimmt. Das unterstützende Wesen begegnet Ihren Stärken und Fähigkeiten genauso liebevoll wie den Verletzungen, Schwächen und Schmerzen.

Vielleicht ist es passend, dass es sich zu Ihnen setzt oder Sie in den Arm nimmt. Spüren Sie, wie es sich anfühlt, so voll und ganz akzeptiert und angenommen zu werden. Sie brauchen nichts zu tun, nur entgegennehmen, aufnehmen, sich beschenken lassen. Seien Sie neugierig, welche Resonanz Sie im Körper wahrnehmen. Vielleicht Wärme, ein Strömen, eine entspannte Weite, ein Gefühl der Sicherheit und Geborgenheit.

Möglicherweise unterstützt Sie das Wesen durch eine freundliche, kluge Botschaft oder ein Wort. Bleiben Sie neugierig und offen. Alles ist in Ordnung so wie es sich zeigt.

Verabschieden Sie sich langsam von dem wohlwollenden Wesen. Vielleicht möchten Sie ihm danken. Diese liebevolle Begleitung ist Ihre eigene Entdeckung, eine Kraft Ihrer Vorstellung und jederzeit erreichbar. Das akzeptierende Wesen steht jederzeit zur Verfügung, kann Sie begleiten und stärken.

Verweilen Sie zum Abschluss dieser Übung noch einige Momente mit Freundlichkeit und Wohlwollen in Stille.

Häufige Fragen beim Üben des »Wohlwollende Wesens«

Muss ich mir das bildlich vorstellen?

Menschen haben individuelle Zugänge zu ihrer Fantasie. Diese können bildlich sein. Vielleicht nimmt das Wesen eine ganz deutliche Gestalt an und Farben sind zu erkennen. Oder die Kraft unterstützt akustisch durch eine freundliche Stimme oder eine unterstützende Musik. Vielleicht vermittelt sich die Zuwendung des Wesens aber auch mehr auf der körperlichen Ebene. Möglicherweise entsteht das Empfinden, gehalten zu werden. Vielleicht stärkt eine Kraft den Rücken und gibt Energie. Finden Sie heraus, wie Sie Ihre Vorstellungskraft nutzen können, um Akzeptanz und Wohlwollen entgegenzunehmen.

Ich fühle nichts, mache ich etwas falsch?

Manchmal fühlen wir intensiv, manchmal wenig oder gar nichts. Auf die Gefühle bei der Meditation kommt es nicht so sehr an. Es braucht etwas Vertrauen, dass die positive Ausrichtung und Vorstellung über die Zeit eine heilsame Wirkung entfalten. Wir können üben, uns für dieses liebevolle Angenommensein zu öffnen. Dabei geht es mehr um ein Empfangen, als um ein bemühtes Tun.

> Zu Beginn eines Kurstreffens frage ich: »Was wird gebraucht, was würde Ihnen heute guttun?« Da meldet sich eine Sozialarbeiterin und sagt: »Ich fühle mich erschöpft, da gab es doch eine Übung, in der ich etwas Stärkendes von einem Wesen bekommen kann. Diese Übung brauche ich heute.« Auch andere Kursteilnehmende wünschen sich eine regenerierende Übungszeit. Zunächst machen wir den Mitgefühl-Body-Scan im Liegen. Und dann schließen wir eine Sitzmeditation an, in der ein wohlwollendes Wesen uns genau das zur Verfügung stellt, was wir benötigen. Anschließend beim gemeinsamen Austausch über die Erfahrungen schaue ich in entspanntere, lächelnde Gesichter.

Menschen in helfenden Berufen brauchen selbst immer wieder Raum, um die eigenen Bedürfnisse zu spüren und sie zu artikulieren. Daraus erwächst dann zunehmend die Fähigkeit, Wohlwollen von sich selbst und von anderen anzunehmen.

Reflexion der 5. Übungswoche

- Reflektieren Sie, was gerade belastend in Ihrem Leben ist. Wie können Sie mitfühlend damit sein?
- Welche Erfahrungen haben Sie mit dem Üben des Mitgefühl-Body-Scans gemacht?
- Wie erleben Sie die Meditation mit dem »Wohlwollenden Wesen«? Wie fühlt es sich an, bedingungslose Freundlichkeit entgegenzunehmen?
- Wann haben Sie in der letzten Zeit jemanden um Hilfe gebeten? Wann konnten Sie etwas Positives entgegennehmen? Wie fühlt es sich an, Unterstützung anzunehmen?

Den Meditationsgarten weiter pflegen

»Jedes Werden in der Natur, im Menschen, in der Liebe muss abwarten, geduldig sein, bis seine Zeit zum Blühen kommt.« (Dietrich Bonhoeffer)

Sie haben sich nun bereits mehrere Wochen in Selbstfürsorge und Achtsamkeit geübt. Nun geht es darum, die Meditationspraxis fortzusetzen und zu vertiefen. Es ist sinnvoll, an dieser Stelle zurückzuschauen, um dann bewusst und stimmig weiterüben zu können. Nehmen Sie sich an einem schönen Platz, in der Natur oder Ihrem Lieblingssessel, etwas Zeit für eine Rückschau. Die ausgefüllten Selbstfürsorgefragebögen können Sie bereitlegen, um nochmals darauf zu schauen. Machen Sie sich bewusst, wie Sie die vergangenen Übungswochen erlebt haben.

Reflexion der Übungswochen

- Was hat Ihnen Freude gemacht? Gab es Lieblingsthemen und -meditationen?
- Was war herausfordernd? Welche Meditationen sind Ihnen schwer gefallen?
- Welche Veränderungen haben Sie bemerkt? Beschreiben Sie diese so genau wie möglich.
- Wie hat sich das Üben auf Ihre Arbeit ausgewirkt?
- Was haben Sie über Ihre Selbstfürsorge gelernt?
- Was möchten Sie fortsetzen? Wie möchten Sie weiterüben?
- An welche guten Erfahrungen möchten Sie anknüpfen? Was motiviert und hilft dabei, weiter zu meditieren?

Der fünfwöchige Kurs hat Ihnen einen Übungsplan zur Verfügung gestellt. Für das weitere Training ist es wichtig, sich nun selbst eine eigene für Sie passende Struktur zu schaffen.

Jede Meditation hat spezifische Wirkungen. Der Body Scan und achtsame Bewegung fördern die Körperachtsamkeit, die Mettameditation stärkt Freundlichkeit und Wohlwollen. Sie können sich den Kursüberblick am Anfang des Kapitels erneut anschauen. Zum Fortsetzen der eigenen Übungspraxis empfehle ich, sich für einige Wochen eine oder zwei Meditationen vorzunehmen und diese wiederholt zu praktizieren. Es ist wie beim Tanzen. Üben wir an einem Tag Tango und am nächsten Walzer und an einem dritten Tag afrikanischen Tanz, dann werden wir wahrscheinlich in keinen Tanz wirklich eintauchen können. So ist das auch mit der Meditation. Sie braucht kontinuierliche Wiederholung. Das Interessante dabei sind Sie selbst. Ihre Erfahrungen ändern sich ständig. Sie sind manchmal wach beim Üben, an einem anderen Tag kämpfen Sie mit Müdigkeit. Manchmal sind viele Gedanken da, dann wird es ruhiger sein. Wenn die Meditationsform konstant bleibt, bemerken Sie den ständigen Erfahrungsfluss genauer. Sie erleben, wie Sie mit der Zeit bewusster und fürsorglicher mit sich werden. Lassen Sie auch die Audiodateien weg, wenn Sie den Ablauf und die Grundidee der Meditation kennen. Sie wenden sich Ihrer Erfahrung dann ohne Anleitung von außen zu und begleiten sich in der Meditation selbst. Sie werden bemerken, dass Sie dadurch aufmerksamer werden und lernen, mehr auf die eigene Bewusstheit zu vertrauen. Sie warten nicht auf die Stimme von außen, die Sie daran erinnert, was der nächste Schritt ist. Es ist hilfreich, sich einen Kurzzeitwecker zu stellen, der am Ende der Meditationszeit klingelt. Wenn Sie sich noch zu unsicher für ein Üben ohne Audiodateien fühlen, dann setzen Sie das Meditieren zunächst noch mit Anleitung fort.

3 Der Meditationskurs – Wege entstehen beim Gehen

Dieses Buch und die ersten Meditationserfahrungen sind eine Ermutigung, weiterzumachen. Vielleicht möchten Sie jetzt an einem MBSR-Kurs (achtsamkeitsbasierte Stressbewältigung) teilnehmen. Das gemeinsame Meditieren in einer Gruppe motiviert. Sie profitieren von den Erfahrungen und den Ideen der anderen Teilnehmenden. Meditation fortzusetzen, braucht irgendwann ein erfahrenes Gegenüber, um den Übungsweg zu reflektieren und Fragen stellen zu können. Dies kann in einem Kurs, in einem Seminar oder auch in Einzelstunden geschehen.

> Eine Psychotherapeutin findet es für sich sinnvoll, die eigene Übungspraxis regelmäßig aufzufrischen: »Ich nehme immer wieder an Kursen oder einem Seminar zu Achtsamkeit und Meditation teil. Das motiviert mich dann, wieder mehr zu üben. Ich genieße auch das Meditieren in der Gruppe, ich bin dann sehr präsent und nehme das mit in meinen Alltag hinein. Ich spüre, dass sich dadurch auch meine Arbeit verändert. Die Impulse stärken mich, auch meinen Patientinnen Achtsamkeit wieder mehr zu empfehlen oder Übungen für sie anzuleiten.«

> Eine erfahrene Ärztin, die schon sehr lange in eigener Praxis tätig ist, sagt: »Ich genieße es, dranzubleiben. Besonders hilfreich sind die Vertiefungskurse für mich, die sich über ein halbes Jahr erstrecken. Einmal im Monat gibt es ein gemeinsames Treffen. Der Kurs begleitet mich durch die Jahreszeiten und die Veränderungen in meinem Leben. Es ist immer wieder frisch und neu.«

Viele Menschen entwickeln durch die Meditation eine Sehnsucht nach regelmäßigen Zeiten der Ruhe. Vielleicht stellt sich auch das Bedürfnis ein, an Tagen der Stille teilzunehmen und im Schweigen in einer Gruppe zu meditieren. Auch Retreats, mehrtägige Meditationsangebote, die meist im Schweigen an schönen Orten in der Natur durchgeführt werden, ermöglichen es, die eigene Erfahrung zu vertiefen. So wird ihr Meditationsgarten wachsen, sich verändern und Ihr Leben bereichern, intensivieren, bunter machen. Die Früchte und Blumen der Übungspraxis werden auch im Handeln sichtbar. Es zeigt sich, wie die bewusste Selbstwahrnehmung auch im Arbeitsalltag Wirkung entfaltet.

4 Selbstfürsorge und Fürsorge – Impulse für den Arbeitsalltag

Achtsamkeit im Arbeitsalltag

»Aus dem Herz über den Kopf in die Hände.« (Arne Naess)

Durch eine achtsame Selbstfürsorge pflegen wir die Beziehung zu uns selbst. Und auch wenn das Üben einen zeitweisen Rückzug erfordert, findet es im Kontakt mit sich, der Welt und den Mitmenschen statt. Wenn wir uns besser wahrnehmen und um uns selbst kümmern, wird dies auch Auswirkungen darauf haben, wie wir arbeiten und mit anderen Menschen umgehen. Es gilt, zu verstehen, dass wir nicht isoliert sind und getrennt, sondern miteinander verbunden.

Selbstfürsorge ist nicht nur eine private, individuelle Aufgabe. Sie findet in Arbeitskontexten statt, in Krankenhäusern, Praxen, in Schulen und Kitas, in Beratungsstellen, sozialen Projekten und Pflegeeinrichtungen. In diesem Kapitel werden wir beleuchten, wie es gelingen kann, die Selbstfürsorge am Arbeitsplatz ganz praktisch zu stärken. Dafür ist es sinnvoll, die eigenen Werte zu klären und diese als einen inneren Kompass zu nutzen. Jeder Arbeitsplatz und -kontext hat spezifische Bedingungen und braucht deshalb geeignete Herangehensweisen, um die Gesundheit der Beschäftigten zu fördern. Das kann bedeuten, den Rhythmus des Arbeitens, das Pausenverhalten zu verändern. Die Kommunikation am Arbeitsplatz kann konstruktiver und wertschätzender gestaltet werden. Die Gesundheit und das Wohlbefinden von Menschen in Heilberufen sind nicht nur Aufgabe der einzelnen Personen. Die Institutionen und Organisationen sind in der Verantwortung, sich um die Gesundheit und das Wohlergehen der Mitarbeiterinnen und Mitarbeiter zu kümmern. Es braucht Strukturen, die ein fachlich kompetentes Arbeiten ermöglichen und die gesundheitlichen Risiken reflektieren und minimieren. Eine besonders wichtige Rolle spielen hier die Menschen mit Führungsverantwortung. Die Prinzipien einer achtsamen Führung stärken die Selbstfürsorge von Leitungspersonen, wirken als Modell und schaffen ein gesundes Arbeitsklima für alle.

Werte und Wertschätzung – den Kompass ausrichten

»Ich kann nichts dafür, dass meine Bilder sich nicht verkaufen lassen. Aber es wird die Zeit kommen, dass die Menschen erkennen, dass sie mehr wert sind als das Geld für die Farbe.« (Vincent van Gogh)

Werte geben uns eine Orientierung, wie wir leben möchten. Sie sind wie ein Kompass, der uns die Ausrichtung erleichtert. Das Ziel, eine Ausbildung abzuschließen, ist klar umschrieben. Wir wissen, wann wir es erreicht haben. Anders als bei Zielen, geht es bei Werten nicht nur darum, anzukommen oder etwas Bestimmtes zu erreichen, sondern die innere Haltung ist entscheidend. Im Prozess der Ausbildung können die Werte Spaß, Selbstverwirklichung, Fairness und Geduld maßgeblich sein und uns die Orientierung geben, wie wir lernen möchten. Die Bewusstheit für die zugrundeliegenden Werte hilft, Ziele zu formulieren und diese auch zu erreichen. Werte ermutigen uns zum Handeln. Auch für Menschen in helfenden Berufen gilt es, die eigenen Werte zu klären und zu reflektieren. Unsere Werteorientierung zeigt, was uns wichtig ist und uns am Herzen liegt. In der Akzeptanz- und Commitmenttherapie (ACT) wird betont, dass Werte frei gewählt und durch unser Handeln bestimmt werden können (Wengenroth, 2012). Werte sind damit handlungsleitend und werden rückwirkend durch unser Handeln erst lebendig.

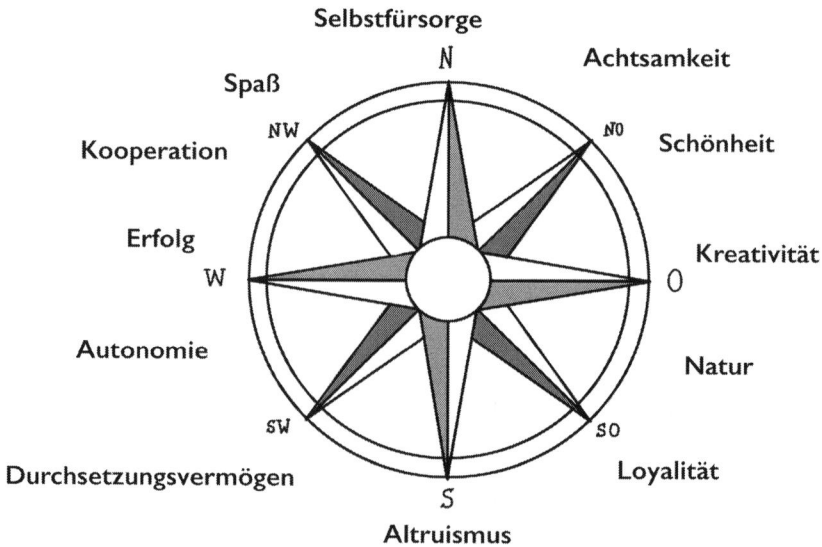

Abb. 4.1: Der Wertekompass

Einige Grundhaltungen kommen uns vielleicht sofort in den Sinn, wenn wir an Heilberufe denken: Mitgefühl, Herzlichkeit, Verantwortungsbewusstsein und Kooperation. Andere Werte werden im sozialen Bereich vielleicht weniger in den Blick genommen: Autonomie, Durchsetzungsvermögen, Geld, Erholung und Erfolg. Vielleicht sind einige Grundhaltungen sogar tabuisiert und wirken im Verborgenen. Um die eigenen Werte zu klären und auch die Werte des Arbeitskontextes zu überprüfen, braucht es den Mut, sich auch die Schattenseiten anzuschauen.

Oft werden in Leitbildern und Konzepten von Institutionen, Werte benannt und herausgestellt. Sie sollen die Kultur des Arbeitens nach innen und nach außen sichtbar machen. Doch erst im Handeln zeigt sich, ob diese Werte auch wirklich beherzigt und umgesetzt werden. Im Bereich der Jugendhilfe habe ich es oft erlebt, dass in Broschüren und Konzepten mit dem Slogan geworben wurde »Wir arbeiten familienorientiert.«. Doch beim genaueren Hinschauen spielten Eltern und die Familie bei pädagogischen oder therapeutischen Entscheidungen gar keine Rolle. In psychosomatischen Kliniken ist Achtsamkeit en vogue, aber oft leiten die Psychologinnen in Ausbildung (PiA) die Achtsamkeitsgruppen und werden ermutigt, sich das Wissen mal schnell aus Büchern anzueignen. Es lohnt sich also, sowohl bei Einzelpersonen als auch bei Teams und Organisationen, zu überprüfen, ob die propagierten Überzeugungen auch im Tun sichtbar werden.

Innerhalb einer Person können Werte, zum Beispiel Kooperation und Autonomie, im Konflikt miteinander stehen und wollen ausbalanciert werden. Die Werte können sich in ihrer Bedeutung für uns auch wandeln. Vielleicht rückt in einer Lebensphase die Selbstbestimmung mehr in den Vordergrund und ein anderer Wert in den Hintergrund. Deshalb ist es wichtig, immer mal wieder frischen Wind in die eigene Werteorientierung zu bringen und sich klar zu werden, wie man leben und sich ausrichten möchte.

Impulse zur Werteklärung

- **Schreibsprint für sich selbst:** Schreiben Sie ganz spontan alle Werte auf, die Ihnen in den Sinn kommen, möglichst ungefiltert. Dann unterstreichen Sie die Werte, die gerade viel Platz einnehmen und umkreisen die Grundüberzeugungen, die Sie gern mehr leben möchten. Nun suchen Sie sich einen Wert aus, den Sie fördern möchten. In einem weiteren Schritt können Sie ganz konkret Handlungen und Ziele benennen, die dabei helfen, diesen Wert umzusetzen. Überprüfen Sie immer wieder, ob Sie gemäß des gewählten Wertes handeln.
- **Kontemplation:** In Kapitel 2 haben Sie die heilsame Qualität der Geduld in einer Kontemplation erkundet, dies können Sie auch mit anderen Werten versuchen. Erkunden Sie, was sich an inneren Bildern, Gefühlen und Impulsen zeigt, wenn Sie dem Wert Kreativität oder der Gerechtigkeit Raum geben.

- **Wertekompass:** Nutzen Sie das Bild des Kompasses und schreiben Sie Werte dazu auf, ein Handout zur Werteklärung finden Sie im Anhang (▶ AB 4).
- **Wertereflexion im Team:** Die folgenden Fragen können im Team erarbeitet und an Flipcharts aufgezeichnet werden. Bezogen auf den Arbeitsplatz können Sie notieren, was Ihnen gerade viel Freude macht, gut gefällt und gut gelingt. Machen Sie sich klar, welche Werte dahinterstecken. Genauso verfahren Sie mit den stressigen, ärgerlichen und unangenehmen Situationen. Es kann deutlich werden, welche Werte zu wenig gelebt werden und welche Werte überbetont werden. Daraus können Veränderungen abgeleitet werden.

Ähnlich wie bei den inneren Persönlichkeitsanteilen geht es auch in der Wertearbeit um ein Sowohl-als-auch, nicht um ein Entweder-oder. Die zu starke, vielleicht sogar extreme Betonung eines Wertes kann zu einer einseitigen Perspektive führen, die andere Aspekte übersieht oder einfach auch nicht wahrhaben will. Übertriebene Großzügigkeit kann zu Verschwendung werden. Naive Offenheit führt möglicherweise zu Schutzlosigkeit. Unreflektierter Altruismus kann die Selbstfürsorge vergessen lassen und zum eigenen Ausbrennen beitragen.

> Eine junge Frau arbeitet sehr engagiert in humanitären Hilfsprojekten im Ausland. Ihr sind Engagement, Abenteuer, Sinn, Glaubwürdigkeit und Perfektion wichtig. Sie merkt in Coachinggesprächen, dass sie die Bereiche Selbstfürsorge und Partnerschaft der Arbeit immer untergeordnet hat. Die Werte Intimität, Vertrauen, Entspannung und Bindung konnte sie in den letzten Jahren zu wenig leben. Durch übermäßiges Arbeiten und auch spannende Projekte hat sie das Fehlen der anderen Aspekte zu kompensieren gesucht. Nun möchte sie mehr Zeit und Energie für die ungelebten Bedürfnisse investieren und zu einer neuen Balance ihrer Werte finden.

Manchmal sehen wir unsere eigenen blinden Flecken nicht, sondern brauchen ein Gegenüber dafür. Auch die Ungereimtheiten von Institutionen lassen sich viel schwerer wahrnehmen, wenn wir ein Teil davon sind. Uns fehlt dann der Abstand, eine gute Distanz, um hinzuschauen. Hier ist Intervision und Supervision unentbehrlich, damit wir wieder klarer erkennen können, was möglicherweise eine kritische Beleuchtung braucht.

Gesundheitsstiftende Werte können Mitbestimmung, Transparenz, Humor, Wohlwollen und Sicherheit sein. Auch Schönheit und Natur stärken unsere Gesundheit. Gebäude und Räume können so gestaltet sein, dass sie zu Wohlbefinden und zur Heilung beitragen. Ein Blick ins Grüne, ein geschickter Umgang mit Licht und Farben, angenehme Gerüche und Geräusche, Ruhe, Bilder und Blumen – all dies kreiert eine heilsame Umgebung (Fischer, 2019).

> In meiner Praxis sagen Kursteilnehmerinnen immer wieder, wie wohl sie sich fühlen, weil es schöne Bilder an der Wand gibt und die Farben der Meditationsdecken und -kissen beruhigend wirken.

> Eine Krebspatientin fragte mich in einem Einzelgespräch: »Wo sind denn heute die Blumen? Sie haben doch sonst immer so schöne, die tun mir gut.« Daraufhin musste ich lachen und holte die Blumen aus dem Gruppenraum, die ich dort am Vorabend vergessen hatte. Und wir schauten dann beide auf den bunten Strauß und staunten über die Schönheit der Blüten.

> In der ersten Welle der Coronapandemie 2020 rollte Pflegepersonal in Spanien Coronapatienten, denen es schon besser ging, in den Betten an den Strand, damit sie das Meer sehen und so schneller gesunden konnten.

Zentrale gesundheitsfördernde Werte sind Dankbarkeit und Wertschätzung. Wenn wir täglich notieren, wofür wir dankbar sind, wird sich unser Blick mehr auf das Positive richten. Auch Dinge, die uns selbstverständlich erscheinen, können wir stärker beachten und wertschätzen. Dankbarkeit wird als positive Emotion gesehen, die kultiviert werden kann und zu einem wohltuenden Perspektivwechsel führt (Fredricksen, 2011). Die Journalistin Janice Kaplan hat sich ein Jahr lang auf die Aspekte ihres Lebens besonnen, für die sie dankbar ist. Sie erkundet die Wirkung von Dankbarkeit in Partnerschaft und Beziehung, im Beruf und im Bereich der Gesundheit. Dabei betont sie, dass es um eine »verkörperte Dankbarkeit« geht, die unser Stresslevel senkt und uns resilienter macht (Kaplan, 2016, S. 236). Hier zeigt sich wiederum die Bedeutung der Körperachtsamkeit, die wir schon ganz praktisch im Body Scan, der achtsamen Bewegung und der Atemmeditation geübt haben.

Dankbarkeit wahrzunehmen, zu erleben und im Körper zu verankern, ist auch im Berufsalltag sehr wichtig. Wenn wir die Brille der Dankbarkeit aufsetzen, werden wir anders schauen und vieles bemerken, was sonst untergehen würde. Sich täglich deutlich zu machen, für welche Erfahrungen Ihrer beruflichen Tätigkeit Sie dankbar sind, wird Sie zufriedener machen. Dabei können Sie dankbar sein für hilfreiche Kolleginnen, Patienten, die freundlich sind, Schülerinnen und deren inspirierende Fragen und Sichtweisen. Sie sind vielleicht dankbar für Momente von Berührung und Verbundenheit. Und vergessen Sie dabei nicht, sich selbst zu danken. Sie können sich dafür wertschätzen, dass Sie in einem herausfordernden Feld arbeiten. Sie danken sich für Momente der Selbstfürsorge oder wie Sie eine Schwierigkeit gemeistert haben. Sie danken sich für geduldiges Zuhören, ein beherztes Grenzen setzen oder dass Sie heute pünktlich Feierabend gemacht haben. Machen Sie diese wertschätzende Haltung sich selbst gegenüber nicht von Erfolgen oder Veränderungen abhängig. Wertschätzung ist nicht an Leistung gebunden, sondern in jedem Moment möglich. Es will auch gelernt sein, den Dank von anderen nicht zu ignorieren oder zurückzuweisen, sondern anzunehmen. Sich dem Dankenden zuzuwenden, sich zu öffnen und die Wertschätzung entgegenzunehmen, schafft Verbindung und Freude. Die geteilte Freude ist dabei doppelte Freude, übrigens auch eine positive Emotion, die gesundheits- und beziehungsstiftend ist.

Dankbarkeit hängt eng mit Wertschätzung zusammen. Im Arbeitskontext führt wertschätzende Kommunikation zu einem entspannten, freundlichen Klima, in dem man sich wohl und sicher fühlen kann. Andere Personen, ein Lächeln, ein freundliches Wort, so vieles, lässt sich wertschätzen. Wertschätzung erfüllt unser Bedürfnis, gesehen und anerkannt zu werden. Durch Wertschätzung fühlen wir uns zugehörig und unser Selbstwert wird stabilisiert und bestätigt. Wir erleben uns eingebunden und lebendig durch Wertschätzung. Um andere wertschätzen zu können, ist die freundliche Anerkennung von uns selbst die beste Basis. Genauso wie wir mit der Selbstfürsorge beginnen und die Fürsorge um andere daraus erwächst. Wie wir in den Wald hineinrufen, so kommt das freundliche Echo auch zu uns zurück.

Eine positive Zusammenarbeit stellt sich nicht automatisch ein, sie braucht Formen und Rituale der Wertschätzung. Die Teamsitzung kann mit einer Ressourcenrunde eröffnet werden, in der zunächst die gelingenden Erfahrungen der Woche benannt werden. In den Pausen kann auch über Privates, Schönes gesprochen werden. Die Dankesbriefe und Rückmeldungen von Klienten, Patientinnen und Schülerinnen werden aufgehoben und sichtbar gemacht. Eine wertschätzende Teamkultur und eine anerkennende, positive Führung erleichtern es, mit den Herausforderungen des Arbeitsalltags umzugehen und gesund zu bleiben.

In der positiven Psychologie wird eine konstruktive Persönlichkeitsentwicklung als »flourishing«, als ein Blühen und Gedeihen, bezeichnet. Studien zeigen, dass positive Gefühle die Aufmerksamkeit weiten, das eigene Verhaltensrepertoire flexibler und vielfältiger machen, die Intuition stärken und auch körperlich und gesundheitlich resilienter machen (Fredrickson & Losada, 2005). Damit Menschen wachsen und blühen können, sollten die positiven Gefühle mindestens in einem Verhältnis von 3:1 zu negativen Emotionen stehen. Dies scheint wie ein Umschlagpunkt von einer stagnierenden hin zu einer positiven und gedeihenden Entwicklung zu sein. Interessanterweise gilt diese Formel auch für Teams. Wie die Forschungen von Barbara Fredrickson und Marcial Losada zeigen, haben die erfolgreichsten Teams ein Verhältnis von 5,6:1 (positiv zu negativ) und zeichnen sich durch eine sehr wertschätzende, positive Kommunikation aus, die sich auch für das Gegenüber öffnet. Entscheidend ist, dass die positive Haltung und die Wertschätzung authentisch gefühlt und gezeigt werden. Auch Konflikte und negative Emotionen haben somit ihren Platz und werden konstruktiver und flexibler gelöst.

Wie helfen Achtsamkeit und Meditation, um Wertschätzung zu stärken? Die innere Haltung des Übens von Achtsamkeit ist, wie schon mehrfach erläutert, freundlich, neugierig und offen. Damit schulen wir diese Qualitäten, die uns auch im Arbeitsalltag helfen. Wir werden dankbarer und wertschätzender inmitten der gegenwärtigen Erfahrung. Durch regelmäßige Meditation lernen wir, Unangenehmes und Angenehmes besser zu erkennen und nicht so stark darauf zu reagieren. Wir werden gelassener. Aus dieser Ruhe heraus gelingt es, das Heilsame, Positive mehr zu fördern und das Unheilsame, Belastende mehr zu begrenzen. Besonders die Mettameditation hilft uns dabei, eine wertschätzende und positive Grundorientierung zu finden.

> In unserem Team der therapeutischen Wohngruppe »Mondlicht« für junge Frauen mit Essstörungen kultivierten wir über zwei Jahre eine wöchentliche gemeinsame Achtsamkeitspraxis. Wir meditierten zusammen und übten Achtsamkeit im Arbeitsalltag. Die Zusammenarbeit wurde offener, konstruktiver und wertschätzender. Aber auch Konflikte konnten besser angesprochen werden (Juchmann, 2012).

Eine Lehrerin wechselt die Schule und erlebt nun ein besonders wertschätzendes Arbeitsklima: »Ich hatte gedacht, dass wir auch in der alten Schule freundlich miteinander waren. Aber dort, wo ich jetzt arbeite, habe ich das Gefühl, die Wertschätzung wird wirklich gelebt. Die Schulleiterin ist sehr wohlwollend und beginnt jede Konferenz, jedes Meeting mit Dank und Anerkennung. Das ist nicht aufgesetzt, sondern stimmig. Mit dieser Wertschätzung geht eine große Offenheit einher, Offenheit für die Schüler und Schülerinnen, für unser Kollegium, für alle Ideen.«

Achtsame Zusammenarbeit – Führungskräfte, Teams und Institutionen

Walk your talk!

Selbstfürsorge bedeutet, sich selbst besser kennenzulernen und sich auch selbst zu führen. Menschen in leitenden Positionen profitieren genauso wie Mitarbeiterinnen und Mitarbeiter von Achtsamkeitsmethoden. Zum einen sind Menschen in Führungspositionen besonderen Belastungen und Gesundheitsrisiken ausgesetzt. Zum anderen sind sie Modelle und Vorbilder für alle Beschäftigten. Betriebliches Gesundheitsmanagement ist nicht glaubwürdig und überzeugend, wenn es nicht in der Organisation und im Führungsverhalten vorgelebt wird. Alle Übungen in diesem Buch sind für Menschen in Leitungsverantwortung stärkend, weil sie Selbststeuerung ermöglichen. Führung sollte nicht aus einem Modus des Autopiloten, sondern mit einer präsenten und bewussten Haltung geschehen (Juchmann, 2017; Marturano, 2015).

Das regelmäßige Innehalten ist unerlässlich, um Räume für eine bewusste Wahrnehmung und Reflexion zu schaffen. Es hilft dabei, eine Metaperspektive einzunehmen, erweitert den Blick, lässt Zusammenhänge und Entwicklungsmöglichkeiten besser erkennen. Meditation lehrt Menschen in Führungsverantwortung, nicht vorschnell zu reagieren, sondern die eigenen Impulse zu erkennen und bedachter zu handeln. Personen in Leitungspositionen brauchen Klarheit über die eigenen handlungsleitenden Werte und sollten über die Fähigkeit verfügen, wertschätzend kommunizieren zu können. Achtsame Kommunikation ist eine wichtige Basiskompetenz, um Teams zu leiten. Die Fähigkeit, präsent und mit Offenheit zuzuhören, ist unerlässlich, um die Bedürfnisse von Mitarbeiterinnen und Mitarbeitern zu erkennen und sie entsprechend unterstützen zu können. Auch ein achtsames Sprechen, das wertschätzt, nicht verletzt und dennoch klar und transparent ist, stärkt eine kooperative Zusammenarbeit. Der bereits mehrfach benannte Ansatz des inneren Teams strukturiert die Kommunikation mit sich selbst (Schultz von Thun, 1998). Führungspersonen profitieren davon, die unterschiedlichen Seiten der eigenen Persönlichkeit zu kennen. Das Bemerken der antreibenden, kritischen, selbstfürsorglichen und auch verletzten Stimmen ist die Voraussetzung, um sich selbst zu verstehen und die inneren Konflikte zu moderieren. Erst dadurch wird eine stimmige Kommunikation nach außen möglich.

> Die Leiterin eines Pflegedienstes erlebt die Arbeit mit dem inneren Team als sehr hilfreich: »Ich habe meine unterschiedlichen Seiten besser kennengelernt. Mir ist bewusst geworden, dass oft die antreibenden und strengen Stimmen sehr die Oberhand haben. Und da ist auch eine Seite in mir, die sehr begeistert ist von der Arbeit und das gleiche Engagement auch von anderen erwartet. Meine selbstfürsorglichen und ruhebedürftigen Anteile möchte ich mehr entdecken, die brauchen mehr Raum. Ich habe begonnen, mein inneres Team bewusster zu leiten und dadurch verbessert sich nun die Kommunikation mit meinen Mitarbeiterinnen enorm.«

Impulse für eine achtsame Führung

- Eine persönliche Meditations- und Selbstfürsorgepraxis aufbauen.
- Zeiten für Innehalten und Reflexion einplanen.
- Einen achtsamen Umgang mit Pausen, Arbeitszeit und Urlaub vorleben.
- Eine achtsame Termin- und Zeitplanung gestalten. In Ruhe auf die Wochentermine schauen und spüren, welche Resonanz es gibt. Wo gibt es Zeit für Reflexion und Freiräume für Aktuelles?
- Das eigene innere Team kennenlernen.
- Eine wertschätzende Kommunikation in Teams kultivieren.

Wenn Menschen in Leitungsverantwortung Selbstfürsorge aktiv vorleben und das Thema auch in die Teams und in die Organisation einbringen, entfaltet sich eine überzeugende Strahlkraft.

> Ein Hausarzt beginnt zu meditieren und initiiert dann eine Fortbildung für das Praxisteam, an der auch er teilnimmt. Über mehrere Wochen übt das Team einmal wöchentlich in der Mittagszeit Achtsamkeitsmeditationen. Inmitten des Praxisalltags wird Selbstfürsorge erfahrbar. Ein Lernprozess für das gesamte Team. Eine Mitarbeiterin sagt zum Abschluss: »Es hat uns zusammengeschweißt.«

> Eine Ärztin bemerkt nach der Teilnahme an einem Achtsamkeitskurs: »Ich habe immer gedacht, ich kann mir während der Arbeit keine Zeit für mich nehmen. Jetzt habe ich Übungen des Innehaltens für mich fest etabliert. Und es geht. Auch mein Team habe ich inspiriert und wir probieren aus, wie wir erholsamere Pausen machen können.«

Menschen in sozialen Arbeitsfeldern benötigen Unterstützung und Rückhalt durch die leitenden Personen. Und sie betonen, wie wichtig eine wertschätzende und vertrauensvolle Arbeit im Team ist.

> Eine junge Krankenschwester, die ich während der ersten Coronawelle in Berlin interviewe, macht deutlich, wie wichtig ihr die Zusammenarbeit im Team ist: »Ich arbeite auf einer Intensivstation und da gab es wirklich sehr schwere Dienste und Situationen, in denen ich mich überfordert fühlte. Man bot uns Einzelsupervision an, wir wollten aber eine Supervision im Team. Mich mit meinen Kollegen und Kolleginnen austauschen zu können, ist so hilfreich. Die wissen genau, wie die Arbeit aussieht, da muss ich nicht viel erklären. Das ehrliche Sprechen im Team hat mich immer wieder sehr entlastet. Auch dass ich weiß, ich kann mich auf die anderen verlassen. Es war auch toll, von den Ärzten so viel Unterstützung zu bekommen. Ich wurde immer wieder gefragt, was ich brauche.«

Um die Zusammenarbeit im Team achtsamer zu gestalten, können Fortbildungen zu den Themen achtsame Kommunikation, Selbstfürsorge und Stressbewältigung sinnvoll sein. Wenn ein Achtsamkeitstraining für das gesamte Team angeboten wird, fließen die Erfahrungen direkt in die Zusammenarbeit ein und werden damit nachhaltiger. Es kann dann auch deutlicher werden, welche strukturellen und organisatorischen Veränderungen für ein gesundes Arbeiten notwendig sind. Selbstfürsorge wird damit nicht nur dem Einzelnen überlassen, sondern wird als Verantwortung der gesamten Organisation gesehen und gelebt.

Ronald Purser, Professor für Management an der San Francisco State University, verweist auf die Gefahr, dass Gesundheit zu einer Privatangelegenheit einzelner Personen gemacht wird. Er kritisiert Achtsamkeitsangebote, die Stress nur als ein individuelles Thema begreifen und darauf vertrauen, dass strukturelle Veränderungen sich aus den Verhaltensänderungen einzelner ergeben (Purser, 2019). So wichtig auch eine individuelle Selbstfürsorge ist, sie darf nicht zu einem Anpassungsprozess werden, um die strukturellen Missstände auszugleichen und zu überdecken. Die Institutionen und Organisationen sind maßgeblich dafür verantwortlich, gesundheitliche Risiken in den Blick zu nehmen und Formen der Zusammenarbeit, Stellenschlüssel, Arbeitszeiten und -bedingungen zu verbessern. Die Krankenschwester Franziska Böhler meint in ihrem Buch »I´m a nurse«:

> »Ein Achtsamkeitskurs und mehr Selbstfürsorge werden das Problem nicht lösen, solange die Ursache dafür auf der Seite des Gesundheitswesens liegt und nicht bei den Menschen, die daran leiden. Die Lösung kann nur sein, dass wir Bedingungen haben, die es zulassen, dass wir mehr im Einklang mit unseren moralischen Werten arbeiten können.« (Böhler, 2020, S. 192)

Auch eine Öffnung für neue Organisationsstrukturen und Formen der Kooperation können selbstbestimmtes und gesundes Arbeiten ermöglichen. Der Berater und Coach Frederic Laloux formuliert Ideen für sinnstiftende Formen der Zusammenarbeit und verweist auf Pflegeteams, die sich selbst führen. Er beschreibt die holländische Pflegeorganisation »Buurtzorg«, die neue Wege in der ambulanten Krankenpflege geht. Die Teams erhalten Fortbildungen, um sich selbst steuern und organisieren zu lernen. Sie sind für Dienstpläne, Organisation und Teamentwicklung selbst zuständig. Darüber hinaus bündeln sie das eigene Fachwissen und machen es anderen Teams zugänglich. Bei Konflikten und Schwierigkeiten stehen regionale Berater und Beraterinnen bereit (Laloux, 2015).

Achtsamkeit in der helfenden Beziehung

»Jede liebevolle Tat wirkt irgendwie weiter, ob wir es beobachten oder nicht.« (Agnes Neuhaus)

Man spricht beim Laufen von einem »Runners High« und meint damit einen euphorischen Glückszustand, der die Anstrengung vergessen lässt und neue Kräfte mobilisiert. Ich musste lächeln, als ich in den Begriff des »Helpers High« fand (Fischer, 2019). Helfen, pflegen, andere Menschen fördern sind Tätigkeiten, die zutiefst beglücken und bereichern können. Die helfende menschliche Beziehung kann sinnstiftend für die gebende und für die nehmende Person sein. Geben und Nehmen, beides will gelernt sein. Sinn, Wert und Erfüllung im täglichen Arbeiten zu sehen und zu erleben, ist eine große Ressource auch für unsere Gesundheit. Dafür müssen natürlich, wie wir gesehen haben, auch die Rahmenbedingungen stimmen. Sonst sind wir gefährdet, die strukturellen und personellen Mängel noch mit ausgleichen zu wollen und überfordern uns. Wir befinden uns dann inmitten eines Auftragskarussells zwischen verschiedensten Ansprüchen und Erwartungen.

Unerlässlich ist, dass wir in der Arbeit mit Menschen präsent sind. Wenn wir wirklich anwesend sind, sind wir nicht in einem automatischen Modus gefangen, sondern erleben die aktuelle Erfahrung bewusst. Diese Präsenz ermöglicht es zum einen, sich selbst wahrzunehmen und zum anderen auch das Gegenüber mit seinen Bedürfnissen zu sehen. Eine offene, präsente Zuwendung zum Mitmenschen ist die Basis des Helfens und Unterstützens. Durch eine achtsamkeitsbasierte Selbstfürsorge wächst die Flexibilität der Aufmerksamkeitslenkung. Der Fokus kann bewusst zum anderen und dann auch wieder zu sich selbst ausgerichtet werden. Beides braucht es in der sozialen Arbeit: Selbstwahrnehmung und das Gespür für den Mitmenschen. Wenn wir uns der eigenen Erfahrung bewusst sind, dann können wir uns absichtsvoll nach außen wenden. Es geht darum, sich nicht abzuschotten von der Bedürftigkeit und dem Leiden der anderen, aber uns auch nicht darin zu verlieren. Die achtsame Selbstwahrnehmung ermöglicht, genau diese Balance von Offenheit und guter Abgrenzungsfähigkeit zu finden. Wenn wir über einige Wochen und Monate Meditation üben, dann sollte sich das auch positiv auf die Beziehungsgestaltung auswirken. Gleichzeitig sind wir besser in der Lage, eigene Grenzen wahrzunehmen, diese ernst zu nehmen und, wenn angemessen, auch zu kommunizieren. Wenn wir unsere eigene innere Teamaufstellung kennen, dann können wir besser wahrnehmen, wann und warum wir uns gekränkt fühlen. Wenn wir uns über Patientinnen oder Schüler ärgern oder wir uns schuldig fühlen, etwas nicht richtig gemacht zu haben, dann lohnt es sich, zu reflektieren, welche inneren Persönlichkeitsanteile aktiviert sind und auf welche Bedürfnisse diese hinweisen.

> Eine junge Psychologin äußert in der Einzelselbsterfahrung: »Ich werde manchmal sehr ärgerlich auf Patienten. Dann weiß ich eigentlich meist, dass mein innerer Helferteil sehr aktiv war und nun zu viel erwartet. Wenn ich selbst meine Grenzen zu wenig beachte und deutlich mache, dann kommt der Ärger. Ich bin dann gar nicht mehr in meiner Mitte. Ich spüre dann auch eine sehr bedürftige

innere Stimme, die Anerkennung braucht und Trost. Wenn ich mich selbst unterstütze und ausbalanciere, bin ich dann auch wieder in der therapeutischen Arbeit klarer. Das hilft mir und auch den Patienten. Wenn ich nicht versuche, ihnen alles abzunehmen, dann werden sie aktiver und erleben sich als selbstwirksamer. Wenn sie allerdings gar nichts verändern wollen, dann muss ich das auch akzeptieren lernen und mich dann nicht zu sehr reinhängen.«

Wir kennen wahrscheinlich alle Menschen, auf die wir stark reagieren, die uns schnell verärgern, unsicher machen oder von denen wir uns unter Druck gesetzt fühlen. In helfenden Berufen ist es wichtig, unsere wunden Punkte zu kennen. Je bewusster die eigene Verletzlichkeit ist, umso besser gelingen Selbstschutz und -beruhigung. Manchmal braucht es auch klare Grenzsetzungen nach außen, die durch eine bewusste Selbstwahrnehmung viel gelassener gesetzt werden können.

In sozialen, helfenden Berufsfeldern tätig zu sein, erfordert eine ständige persönliche Weiterentwicklung. Patientinnen, Schüler, Klienten sind unsere Lehrmeister. Sie machen uns darauf aufmerksam, wenn wir zu aktiv werden oder uns abschotten. Unser Gegenüber macht uns deutlich, wann wir an unsere Grenzen kommen und uns hilflos fühlen. Ich habe eigentlich immer eine Person in meinem Arbeitsfeld, die ich als meinen »Zenmeister« oder meine »Zenmeisterin« bezeichne, weil ich in der Begegnung mit ihr etwas Besonderes lernen kann, über mich selbst, über meine Profession oder einfach über das Leben.

Ich biete eigentlich keine psychotherapeutischen Hausbesuche an. Aber ich wurde von einer meiner Kursteilnehmerinnen gebeten, zu einem nahen Verwandten zu kommen und mit ihm Achtsamkeitsmethoden einzuüben. Der 55-jährige Herr M. war an ALS erkrankt und konnte nur noch wenige Finger bewegen. Die Amyotrophe Lateralsklerose (ALS) ist eine Motoneuron-Erkrankung, die zu Muskelschwund führt. Ich hatte keine Erfahrungen mit der Symptomatik und auch nicht mit Hausbesuchen. Doch ich wusste, ich wollte helfen. Herr M. wurde erst seit kurzer Zeit künstlich beatmet und lernte nun über einen Sprachcomputer zu kommunizieren. Ich sollte ihn dabei unterstützen, sich an die neue Situation zu gewöhnen und wieder Lebensmut zu fassen. Das Entscheidende war meine Präsenz. Ich versuchte, mich zu erden, zu beruhigen, einfach da zu sein. Dann stellte ich Fragen nach Wünschen, Zielen, wichtigen Menschen. Und baute eine Beziehung wie auch sonst zu meinen Klienten auf. Ich hatte zunächst mit meinen Ängsten zu tun, damit, dass ich wenig wusste. Doch diese Unsicherheiten legten sich schnell, weil ich sie zuließ, viel fragte. Achtsamkeitsübungen waren gewünscht und damit kannte ich mich aus. Herr M. mochte Übungen, die ihn beruhigten und mit Stärken in Verbindung brachten. Obwohl er künstlich beatmet wurde, konzentrierte er sich gerne auf den Atem, es entspannte ihn und beruhigte die vielen Sorgengedanken. Besonders berührte mich die Mettameditation, die ich auf seinen Wunsch hin anleitete. Herr M. stellte sich dabei vor, dass er umgeben von wohlwollenden nahen Menschen ist, die ihm Unterstützung und Liebe schenken. Dadurch fühlte er sich mit ihnen verbunden.

Achtsamkeitsmeditation für uns selbst zu praktizieren, schützt und stärkt uns und wird sich positiv auf die helfende Beziehung auswirken. Durch die eigene Übungspraxis entsteht oft der Wunsch, die Grundlagen von Achtsamkeit und Meditation auch an andere zu vermitteln. Dies braucht neben der Verwurzelung in der eigenen Meditationspraxis meist eine fundierte Weiterbildung in achtsamkeitsbasierten Methoden. Meiner Erfahrung nach geschieht diese Entwicklung meist ganz organisch und braucht Zeit. Vielleicht geben Sie dann selbst MBSR-Kurse oder bringen die Themen Achtsamkeit und Selbstfürsorge in Weiterbildungscurricula ein. Möglicherweise bieten Sie auch Patientinnen, Schülern und Kolleginnen an, gemeinsam zu meditieren.

Eine junge Lehrerin teilt uns in einem MBSR-Kurs mit: »Für mich war der Zugang zu Freundlichkeit so entscheidend beim Lernen von Meditation. Ich habe dann gemerkt, dass ich meinen Unterricht in den Schulklassen freundlicher gestalten möchte. Ich meditiere nicht mit meinen Schülern. Aber ich halte mit ihnen mehr inne, bin offener und wohlwollender. Das hat das Unterrichtsklima sehr verändert.«

Eine Psychotherapeutin sagt: »Ich habe zunächst für mich begonnen mit dem Meditieren. Und über die Jahre wurde dann deutlich, ich werde selbst MBSR-Lehrerin. Jetzt biete ich Kurse an und ich meditiere mit Einzelklienten. Ich bin viel aufmerksamer dafür geworden, wann Meditation für mein Gegenüber hilfreich sein kann. Es ist ein Wachstumsprozess.«

Der Rhythmus macht's – das Zusammenspiel von Tun und Sein

»Der Rhythmus ist die Architektur des Seins, ist die innere Dynamik, die ihm Form gibt, (…) ist der eine Ausdruck der Lebenskraft.« (Léopold Sédor Senghor)

Das Leben zeigt sich in Zyklen und Rhythmen: Tag und Nacht wechseln sich ab, Ebbe und Flut, die Jahreszeiten folgen aufeinander mit spezifischem Licht und Wetter. Viele Tiere machen Winterschlaf und Vögel bauen Nester im Frühling, die Bäume lassen im Herbst die Blätter los und im Frühling sprießen neue grüne Knospen. Auch wir Menschen sind zyklische Wesen, wir brauchen Ruhe und Schlaf genauso wie Tätigsein. Durch künstliches Licht, moderne Technologie können wir zu allen Zeiten und an unterschiedlichen Orten arbeiten. Viele Menschen, auch in helfenden Berufen, leiden unter Schlafmangel und Schlafstörungen. Es kann schwierig sein, nach einer Nachtschicht zur Ruhe zu finden. Wechselnde Schichten werden als anstrengend erlebt und fordern immer wieder eine neue Anpassung von Körper und Seele. Für unser Wohlergehen brauchen wir einen Rhythmus, der uns entspricht.

> Als Studentin machte ich eine Ausbildung bei einem Krisentelefondienst und mochte die Arbeit sehr. Aber ich bemerkte, dass die Nachtdienste mich übermäßig erschöpften. Ich bin eher ein Morgenmensch und lange aufzubleiben stresst mich. Die belastenden Themen bei nächtlichen Telefonaten konnte ich nicht gut loslassen. Wenn ich Achtsamkeitskurse gebe, genieße ich die Morgenkurse einfach mehr, sie entsprechen meinem Rhythmus. Wenn ich abends Trainings gebe, ist das für mich anstrengender.

Meditation erfordert, sich Zeit zu nehmen. Doch es ist nicht sinnvoll, die Übungszeit in einen übervollen Arbeitstag zu quetschen und ansonsten alles beim Alten zu lassen. Meditation und Achtsamkeit sensibilisieren uns für den eigenen Rhythmus. Es braucht nicht nur Zeiträume für das Meditieren, auch das Innehalten inmitten der Arbeit ist notwendig. Der Wechsel von aktiven und passiven Phasen ist entscheidend für die Gesundheit und auch für die Resultate der Arbeit. Wir denken, dass wir wissen, wie wir Pausen gut gestalten. Aber das Pause-machen ist eine Kunst.

> »Die Noten behandle ich nicht besser als viele Pianisten. Aber die Pausen zwischen den Noten – das ist der Ort, wo die Kunst ihren Sitz hat.« (Arthur Schnabel)

Wir haben uns oft ungute Pausenroutinen angewöhnt. Wir halten es gar nicht mehr gut aus, nichts zu tun, sondern schauen gleich aufs Handy, reden weiter über problematische Arbeitsthemen, sitzen verspannt da und bleiben in stickigen, lauten Räumen. Es lohnt sich für Einzelpersonen, Teams und Institutionen, die eigene Pausenkultur bewusst zu reflektieren. Sind die Pausen wirklich so gestaltet, dass sie einen Abstand, Freiraum und Regeneration erlauben? Manchmal gilt es auch, sich einem Gruppendruck zu widersetzen und die Pausen für sich alleine zu verbringen.

> Eine Ärztin fühlt sich zunehmend überlastet und erlebt Situationen, in denen ihr plötzlich schwindelig wird. Sie sucht sich psychotherapeutische Unterstützung und nimmt an einem Achtsamkeitstraining teil. »Ich habe wieder gelernt, auf mich zu achten. Das Pausen-machen musste ich mir erlauben. Ich gehe jetzt oft in den Pausen spazieren. Das tut mir unglaublich gut. Keine Gespräche über Patienten, sondern Bewegung und Luft. Das regeneriert mich.«

> Ein Krankenpfleger sagt in einer Weiterbildung: »Ich mag meine Kollegen sehr. Aber ich habe gemerkt, wenn ich im Pausenraum bleibe und nur rede, dann komme ich nicht zu mir. Ich gehe raus in den kleinen Park und gehe einige Schritte, manchmal mache ich auch einige Dehnungsübungen. Dann kann ich ruhiger und mit mehr Energie zur Arbeit zurückkehren.«

Alex Soojung-Kim Pang ist Gastwissenschaftler an der Stanford Universität und hat über die Sucht der Ablenkung und die Kunst der Pause geschrieben (Pang, 2017). Er zeigt auf, wie eine bewusste Morgenroutine, Spazierengehen, Spielen, Mittagsschlaf und Auszeiten helfen, gesund, produktiv und kreativ zu sein. Dabei ist das Ruhen keine Zeitverschwendung oder sinnlos. Die Ruhephasen sorgen für Regeneration, aber auch für Freiräume des Denkens, und schaffen damit die Möglichkeit zur Kreativität. Selbstfürsorge heißt, den eigenen Wohlfühlrhythmus kennenzulernen und dafür zu sorgen, dass es einen Wechsel von Tun und Sein geben kann, von Aktivität und Muße. Dabei müssen Tätigkeit und Ruhe gar keine extremen Gegensätze sein. Wenn wir beides zu kultivieren wissen, wenn wir Übergänge bewusst gestalten können, dann gelingt es uns auch, Ruhe in der Arbeit zu finden und Lebendigkeit im Ruhen. Eine erfüllende Tätigkeit wie Gärtnern oder Tanzen kann sehr regenerierend sein. Pausen inmitten des Arbeitens führen zu wichtigen Impulsen und Einsichten. Die Art und Weise, wie wir tätig sind und wie wir pausieren, ist entscheidend. Können wir etwas tun, ohne immer perfekt sein zu müssen und uns unter Druck zu setzen? Ist es möglich, etwas ohne Leistungsanspruch zu machen? Was können wir tun oder auch lassen, damit wir uns wirklich erholen, Freude haben und uns wohl fühlen? Es gibt unterschiedliche Formen zu regenerieren. Wir können schlafen, uns entspannen mit Musik oder einem Buch. Wir joggen, rudern oder machen Yoga. Bestimmte Plätze in der Wohnung laden uns zum Ausruhen ein: das Sofa, der Ohrensessel, der Meditationsplatz. Oder eine Hängematte und Bäume im Garten, ein Platz am See sind Orte der Erholung.

Je nachdem, wie wir arbeiten und was bei der Arbeit herausfordernd ist, brauchen wir besondere Formen der Regeneration. Als Psychotherapeutin höre ich oft von Kollegen und Kolleginnen, dass sie nach einem langen Tag mit konzentrierten Gesprächen alleine sein möchten und nicht noch mehr reden wollen. Für andere ist es vielleicht wichtig, sich mit Freunden auszutauschen und sich beim Zusammensein auszuruhen. Es lohnt sich herauszufinden, was Energie kostet und was Energie gibt.

Oft warten wir zu lange, bis wir eine Pause machen. Wir sollten lernen, die Frühwarnzeichen von Unkonzentriertheit, körperlicher Anspannung, Unruhe rechtzeitig zu erkennen und Pausen zu machen, bevor wir sie dringend brauchen.

Beim Schreiben von langen Büchern und Texten ist es hilfreich, gezielt Pausen einzuplanen. Am besten ist es mit dem Schreiben anzuhalten, wenn man noch nicht frustriert ist und feststeckt, sondern frühzeitig. Mir hat es beim Schreiben dieses Buches geholfen, zwischendurch zu meditieren, Tee zu trinken oder mich einfach in die Hängematte zu legen. Danach konnte ich dann erfrischt und konzentrierter weiterschreiben. Manchmal tauchen auch in den Pausen schon neue Ideen auf, die Lust auf das weitere Schreiben machen. Bei unseren helfenden Tätigkeiten können wir nicht immer dann pausieren, wenn wir es brauchen. Aber wir nutzen oft leider auch nicht die Gestaltungsräume, die wir haben.

Die Meditations- und Achtsamkeitspraxis dieses Buches ermöglicht es, Zugang zu den persönlichen Bedürfnissen zu finden und Übungs- und Auszeiten fest zu etablieren. Durch die stille Selbstwahrnehmung in der Meditation lernen wir Langeweile und Unruhe kennen und spüren das eigene Getrieben-sein. Wir lernen, Freiräume nicht gleich zu füllen, sondern sie als kostbare Lebenszeit zu sehen. Wir werden bemerken, dass sich unser Tätigsein durch die ruhige Meditation bereichert, präsenter wird, bewusster und stimmiger.

Manchmal ist es auch sinnvoll, längere Pausen zu machen. Auszeiten für Reisen oder Besinnung helfen zu regenerieren und dienen einer Neuausrichtung.

Stabil bleiben im Sturm – Selbstfürsorge in Ausnahmesituationen

»Was das rechte Maß überschreitet, ist schädlich.« (Seneca)

Menschen in helfenden Berufen werden oft inmitten sehr herausfordernder Situationen tätig. Sie unterstützen andere Personen direkt nach Unfällen, Verlusten von Angehörigen, Gewaltverbrechen, sexuellem Missbrauch oder nach einer Vergewaltigung, Naturkatastrophen, kriegerischen Auseinandersetzungen oder Terroranschlägen. Sie helfen Betroffenen auch dabei, diese überwältigenden Erfahrungen zu verarbeiten und ins Leben zurückzufinden. Ereignisse werden als potenziell traumatisierend bezeichnet, wenn sie mit dem Tod oder der Gefährdung der eigenen Unversehrtheit konfrontieren (Rost & Overkamp, 2018). Diese Erlebnisse gehen mit dem Gefühl von Panik, Ausgeliefertsein, Ohnmacht und Kontrollverlust einher. Es kann sich um einmalige Situationen handeln oder um Traumatisierungen, die sich wiederholen und vielleicht sogar über mehrere Jahre andauern. Traumatische Erfahrungen können bei den Betroffenen zu Krisen, einer akuten Belastungsstörung oder zu einer Posttraumatischen Belastungsstörung führen. Aber auch die helfenden Personen können durch Miterleben von sehr belastenden Ereignissen während des Einsatzes und durch das Unterstützen traumatisierter Menschen »angesteckt« werden und selbst Traumafolgestörungen entwickeln. Deshalb ist es so wichtig, in Aus- und Weiterbildungen auf diese Gefahr vorzubereiten. Clemens Hausmann unterscheidet in seinem Buch über Notfallpsychologie »normale Notfälle«, mit denen die helfenden Personen vertraut sind, von »kritischen Ereignissen«, die den bisherigen Bezugsrahmen sprengen (Hausmann, 2016, S. 307). Diese Situationen konfrontieren helfende Personen besonders, weil sie sehr extrem sind und alles bereits Erfahrene weit übersteigen. Oder sie ähneln eigenen traumatisierenden Lebenserfahrungen zu sehr und/oder sind lebensgefährdend.

Durch die Unterstützung traumatisierter Menschen kann bei den Helfenden eine zurückliegende, biografisch verankerte eigene Traumatisierung aktiviert werden. Die Montana State Universität hat eine hilfreiche Broschüre über sekundäre Traumatisierung am Arbeitsplatz entwickelt, die online zur Verfügung steht (Clements et al., 2018). Die Autorinnen und Autoren betonen, dass eine sekundäre Traumatisierung ein Risikofaktor der sozialen Arbeit ist. Durch die empathische Einfühlung in traumatisierte Menschen schwingen wir körperlich und seelisch mit den Betroffenen mit und können selbst belastende Symptome entwickeln: überwältigende Emotionen, Flashbacks, Erschöpfung, Taubheitsgefühle, Schlaflosigkeit oder starke Übererregung. Ein sekundäres Trauma ist kein persönlicher Fehler, ein Zeichen von Schwäche oder fehlendem Engagement, sondern eine völlig menschliche, normale Antwort auf die Konfrontation mit dem Extremen. Die Arbeitsgruppe weist darauf hin, wie wichtig eine Schulung ist, die das Bewusstsein für das Risiko sekundärer Traumatisierung schafft. Außerdem wird die Bedeutung von Selbstfürsorgemethoden und organisatorischen unterstützenden Strukturen erläutert. Nach jedem Notfalleinsatz sind die Versorgung der eigenen Grundbedürfnisse entlastend und tröstend. Wärme, Essen und Trinken, ein ruhiger Raum, der Austausch mit dem eigenen Team, eine Umarmung bringen uns wieder in Kontakt mit uns und ermöglichen es, langsam die Übererregung und Anspannung loszulassen und wieder ein Gefühl der Sicherheit zu gewinnen. Grundsätzlich wird in der Notfallpsychologie ein gezielter, strukturierter, stützender Austausch nach herausfordernden Einsätzen empfohlen, der für eine emotionale Entlastung sorgt (Hausmann, 2016). Auch Supervision, Beratung, spezifische Fortbildungen oder entlastende Therapiestunden sollten für helfende Menschen, die mit Traumata konfrontiert werden, fest etabliert sein.

Die Sozialarbeiterin Laura van Dernoot Lipsky beschreibt sehr eindrucksvoll und berührend in ihrem Buch »Trauma Stewardship«, wie sie jahrelang mit traumatisierten Menschen arbeitete. Dabei erkennt sie nicht, dass sie sich selbst irgendwann hochangespannt und überfordert fühlt. Nach einer Auszeit entwickelt sie ein Programm, das helfende Menschen dabei unterstützt, sich nicht im Trauma der anderen zu verlieren, sondern stabil, gesund und selbstwirksam zu bleiben (van Dernoot Lipsky, 2009). Der Aufbau einer täglichen Routine der Selbstfürsorge, Meditation und die Reflexion der eigenen biografischen Wurzeln spielen für sie eine wichtige Rolle.

Das in Kapitel 3 dieses Buches vorgestellte Übungsprogramm ist auch hilfreich für Menschen, die in Extremsituationen und mit traumatisierten Personen arbeiten. Sinnvollerweise gibt es seit einigen Jahren den Ansatz einer »traumasensitiven Achtsamkeit«, der das Wissen um Trauma und Sekundärtrauma in die Achtsamkeitsangebote einbezieht. Das Modell des Toleranzfensters macht deutlich, dass wir uns in einem optimalen, entspannten Wachheitszustand befinden können, der uns ein flexibles, bewusstes und selbstfürsorgliches Handeln ermöglicht. In diesem optimalen Bereich zu sein und ihn immer wieder etablieren zu können, ist unerlässlich für die Unterstützung anderer Personen. Durch traumatisierende Erlebnisse können wir aus diesem Wohlfühlbereich herausgeworfen werden. Es zeigt sich entweder eine Übererregung, die zu einem Tunnelblick führt und uns hilft, anzugreifen oder zu fliehen. Oder es entsteht eine Unterregung, die zu Erstarrung und Taubheit führt. Auch ein schnelles Hin- und Herpendeln zwischen beiden Extremen ist bei traumatischem Stress möglich (Treleaven, 2019). Diese Reaktionen des Nervensystems sind Schutzmechanismen, die unser Überleben in Extremsituationen sichern sollen. Halten Sie aber übermäßig lang an, führen sie zu einem chronischen Stresserleben.

Eine tägliche, meditative Übungspraxis mit längeren Meditationen macht uns resilienter und stärkt uns präventiv für sehr herausfordernde Situationen. Somit wird das Toleranzfenster erweitert und Methoden der Selbststabilisierung werden eingeübt. Auch Weiterbildungen, berufliche Erfahrungen, das Eingebundensein in ein verlässliches Team und in ein haltgebendes, soziales Netz stärken unsere Toleranzzone und helfen, nach Überforderungen schneller wieder in einen Wohlfühlbereich zu kommen. Ein Achtsamkeitstraining schult, sich auf eine freundliche bewusste Art selbst wahrzunehmen. Dies hilft auch in einer Krisensituation, Frühwarnzeichen von Erschöpfung, Burnout oder Traumatisierung zu erkennen und ernst zu nehmen und sich gegebenenfalls Unterstützung zu holen. Die Wahrnehmung der eigenen Anzeichen von Stress und Überforderung sollte präventiv erlernt sein, damit sie auch in sehr herausfordernden Situationen zur Verfügung steht. Besonders wichtig ist es, sich bewusst zu werden, welche Signale darauf hinweisen, dass Sie sich an den Grenzen der Toleranzzone befinden. Die meisten der in diesem Buch vorgestellten Methoden sind hilfreich, wenn wir uns in einem Toleranzbereich bewegen. Ein langer Body Scan, Atemmeditation und Mettameditation brauchen ein gewisses Maß an Ruhe und Stabilität und sind für geringere bis mittlere Anspannungssituationen hilfreich. Die Bewegungsübungen und die Gehmeditation eignen sich auch für krisenhafte Zustände. In starken Über- oder Untererregungszuständen braucht es kurze, sofort wirksame Methoden, die vor Überwältigung schützen. Oft sind in den Bereichen von Unter- und Übererregung die mentalen, gedanklichen Zugänge versperrt. Für die meisten Menschen sind deshalb in Situationen von starkem Stress die Übungen am hilfreichsten, die mit dem Spüren der Körpergrenzen, des Bodenkontaktes und der eigenen Muskulatur einhergehen. Diese körperzentrierten Methoden sind deshalb so wirksam, weil sie helfen, die aufgebaute Hochspannung, die im Körper feststeckt, zu lockern und abzubauen. Gelingt das nicht, verbleiben die Menschen auch nach einer Extremsituation noch im Stressmodus, obwohl die äußere Situation das nicht mehr erfordert. Neben den körperzentrierten Methoden sind auch die Übungen, die die Aufmerksamkeit nach außen zum Hören, Sehen, Tasten oder Riechen lenken, stabilisierend. Um mehr Orientierung und Halt zu finden, ist es hilfreich, mit geöffneten Augen zu üben.

DAS TOLERANZFENSTER

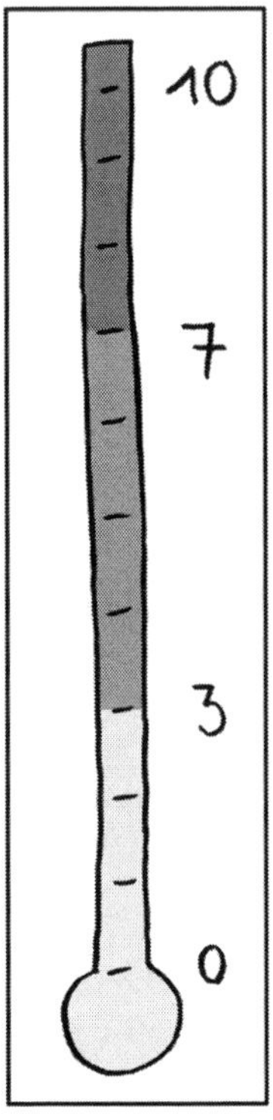

10	Übererregungs-zone	Erhöhte Wachsamkeit Erhöhte Empfindsamkeit und Unruhe Starke emotionale Reaktivität Bedrängende Bilder Angst, Wut Tunnelblick Schwierigkeiten sich zu konzentrieren und zu denken Wenig Handlungsoptionen
7	Toleranzfenster Optimale Erregungszone	Wach und entspannt In der Gegenwart Sicher und orientiert Wohlgefühl und Verbundenheit Konzentriert und flexibel im Denken Wahlfreiheit und Flexibilität im Handeln
3 0	Unter- erregungszone	Relatives Fehlen von Empfindungen Betäubte Emotionen Taubheitsgefühl Fehlender Antrieb Denken und Konzentration lahmgelegt Reduzierte körperliche Bewegung bis zur Erstarrung Fehlende Handlungsimpulse

Abb. 4.2: Das Toleranzfenster (nach Treleaven, 2019, S. 146)

Ziele der Übungen sind, sich von der traumatisierenden Situation distanzieren zu können, sich wieder in der Gegenwart zu orientieren, Spannung abzubauen, sich wieder sicher und handlungsfähig und mit anderen Menschen verbunden zu fühlen. Es gibt dafür viele unterschiedliche Methoden. Am besten probieren Sie einige aus und entscheiden sich für die Übungen, die zu Ihnen passen und am besten wirken (Rost & Overkamp, 2018; Levine, 2012).

Übungen bei Übererregung

- Den Körper schütteln.
- Eine Hand auf den Brustbereich, eine Hand auf den Bauchbereich legen und die Atembewegung spüren.
- Im Stehen die Arme und den gesamten Körper nach oben strecken, auch auf die Zehenspitzen gehen und den Körper dehnen. Dann beide Füße wieder aufsetzen und mit dem nächsten Ausatmen den Oberkörper fallen lassen. Dies kann auch mit einem kräftigen Ausatmen begleitet werden. Lassen Sie den Oberkörper, die Arme und den Kopf hängen und entspannen. Dann richten Sie den Oberkörper wieder auf. Diesen Ablauf können Sie einige Male wiederholen.
- Achtsames Hören oder achtsames Sehen, Geräusche und visuelle Reize wahrnehmen und erkunden.
- Sich selbst umarmen, die rechte Hand auf die linke Schulter legen und die linke Hand auf die rechte Schulter legen, oder die Hände unterhalb des Brustkorbs auf die Körperseiten legen. Ausprobieren, ob langsames abwechselndes Klopfen mit den Händen zur weiteren Beruhigung führt.

Übungen bei Untererregung

- Schüttel- und Dehnübungen helfen, mehr in den Körper und in Bewegung zu kommen.
- Einen Igelball in die Hand nehmen und die Handinnenfläche und den Handrücken massieren.
- Die Silbe »Wu« tönen und bis zum Ende des Ausatmens halten, die Vibration im Bauchbereich spüren. Alternativ die Silbe »Ha« ausprobieren und mit der Lautstärke und Intensität spielen.
- Den Körper abklopfen, vorsichtig am Kopf beginnen und langsam den Körper bis zu den Füßen abklopfen. Die richtige Dosierung des Klopfens erproben, um wieder in die Gegenwart zu kommen und sich lebendig zu fühlen. Im Anschluss den Körper ausstreichen und nachspüren.
- Sich mit dem Rücken an eine Wand lehnen, einen Igelball zwischen Rücken und Wand hin und her rollen. Als Variante kann man auch die Beine mehr anwinkeln, das ist muskulär anstrengender und bringt uns in ein präsentes, körperliches Erleben.
- Schnelleres Gehen an der frischen Luft.
- Einen starken Duft riechen (zum Beispiel Tigeröl).

Es ist gut, für jeden Bereich zwei oder drei Übungen zu kennen, zu erproben um sie dann in herausfordernden Situationen sofort zur Verfügung zu haben: ein wirksamer Erste-Hilfe-Koffer für die Seele.

> Ein Team, das viel mit traumatisierten Menschen arbeitet, nimmt Kontakt zu mir auf, um die eigene Selbstfürsorge mehr zu schulen. Ich biete 90-minütige Workshops an, in denen sich Kurzvorträge zu den Themen sekundäres Trauma und Selbstfürsorge, das Ausprobieren von Übungen und ein Austausch darüber abwechseln. Die Teammitglieder üben mit meinen Audioaufnahmen zwischen den Seminareinheiten. Jede Person stellt sich eine eigene Liste mit Lieblingsübungen zusammen. Das Team beginnt jede Besprechung mit einer kurzen Übung, um die Methoden zu erproben und präsent zu halten. Durch das Vorgehen entwickelt sich eine nachhaltige Selbstfürsorge.

Auf zu neuen Ufern – Übergänge gestalten

»Ich setzte den Fuß in die Luft und sie trug.« (Hilde Domin)

Anthropologische Forschung zeigt, dass wichtige menschliche Lebensumbrüche, auch berufliche Veränderungen, drei Phasen aufweisen. Das Bild der Übergangsbrücke macht diese Abschnitte sichtbar. Die Brücke ist zwischen einem alten vertrauten Ufer und dem Neuland aufgespannt (Juchmann, 2002; 2020). Der Beginn wird als Trennungsphase bezeichnet, die markiert, dass die aktuelle Situation nicht mehr stimmig ist. Es kommt zu Reibungen und krisenhaftem Erleben. Die Person im Umbruch ist aus etwas Altem herausgewachsen wie aus einem abgetragenen Kleidungsstück. In helfenden Berufen kündigt sich der Beginn des Wandels vielleicht durch eine Unzufriedenheit mit Arbeitsbedingungen, durch Erschöpfung oder Langeweile an. Möglicherweise bietet sich auch plötzlich eine neue Chance, die reizvoll erscheint. Nicht selten führt die Teilnahme an einem Achtsamkeitskurs dazu, sich neu zu orientieren. Die Entscheidung für einen Kurs kann selbst schon ein erster Schritt in Richtung Veränderung sein. Durch die Schulung der Selbstwahrnehmung und die zunehmende Bewusstheit wird oft erst deutlich, was nicht mehr passt und welche unbeachteten Bedürfnisse Aufmerksamkeit brauchen.

Die Anzeichen des Wandlungsprozesses zeigen sich meist über einen längeren Zeitraum und werden allmählich stärker. Diese Signale, die auf notwendige Veränderungsschritte hinweisen, können als verunsichernd und verstörend erlebt werden. Oder sie wirken entlastend und ermutigen, etwas Neues zu wagen. In diesem ersten Abschnitt des Übergangs geht es darum, sich einzugestehen, dass das Vertraute nicht mehr stimmig ist. Damit beginnen dann auch ein Suchprozess und eine Neuorientierung. Diese zweite Phase, Übergangsphase oder auch Chaosphase genannt, ist durch Unsicherheit und widersprüchliche Gefühle gekennzeichnet. Aufbruchstimmung und Vorfreude wechseln sich ab mit Ängsten und Selbstzweifeln. In dieser Zeit können auch Beratung und Coaching dabei helfen, das gefühlte Durcheinander zu ordnen. In der Übergangsphase gilt es, sich für etwas Neues zu öffnen, etwas zu lernen, auszuprobieren und etwas zu wagen. Aber auch alte Muster tauchen wieder auf. Es ist ein Hin und Her, das sich aber schließlich in einer neuen Balance einpendeln kann. Die letzte Phase des Übergangs ist das Ankommen im Neuen, die Reintegration. Die Ziele sind erreicht, eine Ausbildung abgeschlossen, ein anderes Berufsfeld oder ein neuer Arbeitsplatz sind gefunden.

Trennungsphase	**Übergangsphase**	**Reintegrationsphase**
Altes, vertrautes Ufer	Unterwegssein, ausprobieren,	Neues, unbekanntes Ufer
Alte Identität	Chaos, Vielfalt von Gefühlen	Neue Identität
Aktuelle Lebenssituation passt nicht mehr	Lernen, experimentieren, ausprobieren	Integration und Neuanfang
		Träume, Wünsche, Ziele
		Zukünftige Lebenssituation

Abb. 4.3: Die Übergangsbrücke

> **Wichtige Fragen für eine Übergangssituation**
>
> - Was passt nicht mehr? Was engt ein und belastet?
> - Was sind die Gründe für das Feststecken, die Unzufriedenheit (äußere Arbeitsbedingungen, gesundheitliche Aspekte, Konflikte)?
> - Was kommt in der aktuellen Arbeits- und Lebenssituation zu kurz? Was will mehr gelebt werden?
> - Welches Potenzial schlummert in Ihnen und will sich zeigen?
> - Was sind mögliche erste Schritte, um in eine Bewegung der Veränderung zu kommen?
> - Wird eine Auszeit gebraucht, um sich neu zu orientieren?
> - Kann ein Coaching, eine Beratung helfen?
> - Zeigt sich die Veränderung innerhalb des helfenden Berufsfeldes oder ein Übergang in einen anderen Bereich?

Jede Neuorientierung erfordert Mut. Und auch in Zeiten des Umbruchs braucht es Pausen und Erholung.

Selbstfürsorge? Keine Zeit! Diese Ausrede lasse ich bei mir und bei anderen nicht mehr gelten!

4 Selbstfürsorge und Fürsorge – Impulse für den Arbeitsalltag

Literatur

Anderson, N. (2020). An evaluation of a mindfulness-based stress reduction intervention for critical care nursing staff: a quality improvement project. Nursing in Critical Care, online version of record before inclusion in an issue (29.9.2020), 1-8.
Bentzen, M. (2020). Neuroaffektive Meditation. Grundlagen und praktische Anleitungen für Psychotherapie, Alltagsleben und spirituelle Praxis. Lichtenau: G. P. Probst.
Bibeau, M., Dionne, F., & Leblanc, J. (2016). Can compassion meditation contribute to the development of psychotherapists' empathy? A review. Mindfulness, 7(1), 255-263.
Böge, K. & Hahn, E. (2021). Achtsamkeit bei psychotischen Störungen. Gruppentherapiemanual für die stationäre und ambulante Behandlung SENSE. Weinheim: Beltz.
Böhler, F. & Kubsova, J. (2020). I´m a nurse. Warum ich meinen Beruf als Krankenschwester lieb – trotz allem. München: Heyne.
Bowen, S. & Vieten, C. (2012). A compassionate approach to the treatment of addictive behaviors: the contributions of Alan Marlatt to the field of mindfulness-based interventions. Addiction research & theory 20(3), 243-249.
Brewer, J. (2018). Das gierige Gehirn. Der achtsame Weg, Alltagssüchte loszuwerden. München: Kösel.
Bundesagentur für Arbeit, 2020. Berufe auf einen Blick. Zugriff am 13.04.2021 unter https://statistik.arbeitsagentur.de/DE/Navigation/Statistiken/Interaktive-Angebote/Berufe-auf-einen-Blick/Berufe-auf-einen-Blick-Anwendung-Nav.html.
Carlson, L. & Speca, M. (2010). Mindfulness-based cancer recovery: a step-by-step MBSR approach to help you cope with treatment and reclaim your life. Oakland: New Harbinger Publications.
Clements, E., Ellis, C., Knight, K. E., McLane, R., Osterloth, K., Powell, C., Saverud, A., Sherstad, A., Talcott, A. K. & Young, K. (2018). Secondary trauma in the workplace: tools for awareness, self-care, and organizational response in Montana. Zugriff am 10.05.2021 unter www.montana.edu/cairhe/other-investigators/knight-ellis/Secondary-Trauma-in-the-Workplace.pdf.
Cushman, A. (2016). Yoga als Weg in die Meditation. Ein 12-Wochen-Kurs für Praktizierende. Freiburg i. Br.: Arbor.
Duhigg, C. (2012). Die Macht der Gewohnheit. Warum wir tun, was wir tun. Berlin: Berliner Verlag.
Emmons, R. & McCullough, M. (2003). Counting blessings versus burdens: an experimental investigation of gratitude and subjective well-being in daily life. Journal of personality and social psychology, 84(2), 377-89.
Ericsson, K. A. & Pool, R. (2016). TOP. Die neue Wissenschaft vom bewussten Lernen. München: Pattloch.
Fischer, A. (2019). Hygge in der Pflege. Die dänische Glücksformel für Gesundheitsfachberufe. Berlin: Springer
Fredrickson, B. L., Cohn, M. A., Coffey, K. A., Pek, J. & Finkel, S. M. (2008). Open hearts build lives: positive emotions, induced through loving-kindness meditation, build consequential personal resources. Journal of personality and social psychology, 95(5), 1045-1062.
Fredrickson, B. L. & Losada, M. F. (2005). Positive affect an dthe complex dynamics of human flourishing. American Psychologist. 60(7). 678-678.
Fredrickson, B. L. (2011). Die Macht der guten Gefühle. Wie eine positive Haltung Ihr Leben dauerhaft verändert. Frankfurt: Campus.

Fredrickson, B. L. (2013). Die Macht der Liebe. Ein neuer Blick auf das größte Gefühl. Frankfurt am Main: Campus.

Fritzsche, K. (2013). Praxis der Ego-State-Therapie. Heidelberg: Carl-Auer.

Germer, C. (2011). Der achtsame Weg zur Selbstliebe. Wie man sich von destruktiven Gedanken und Gefühlen befreit. (2., überarbeitete Auflage). Freiburg i. Br.: Arbor.

Goleman, D. & Davidson, R. J. (2017). Altered traits. Science reveals how meditation changes your mind, brain, and body. New York: Avery.

Hanh, T. N. (2010). Du bist ein Geschenk für die Welt. Achtsam leben jeden Tag. Ein Begleiter für alle Wochen des Jahres. München: Kösel.

Hanh, T. N. (2012). Auf dem Weg der Achtsamkeit. Freiburg i. Br.: Herder.

Hatchard, T., Mioduszewski, O., Khoo, E. L., Romanow, H., Shergill, Y., Tennant, E., Leeming, A., Fang. Z., Poulin, P. & Smith, A. M. (2021). Reduced emotional reactivity in breast cancer survivors with chronic neuropathic pain following mindfulness-based stress reduction (MBSR): an fMRI pilot investigation. Mindfulness 12(1), 751-762.

Hausmann, C. (2016): Interventionen der Notfallpsychologie. Was man tun kann, wenn das Schlimmste passiert. Wien: Facultas.

Hoffmann, N. & Hofmann, B. (2008). Selbstfürsorge für Therapeuten und Berater. Weinheim: Beltz.

Jacob, G., van Genderen, H. & Seebauer, L. (2011). Andere Wege gehen. Lebensmuster verstehen und verändern – ein schematherapeutisches Selbsthilfebuch. (2., überarbeitete Auflage). Weinheim: Beltz.

Juchmann, U. (2002). Über sieben Brücken musst du geh'n... Rituale in der stationären Jugendhilfe. In M. Voigt-Hillmann & W. Burr (Hrsg.), Lösungen im Jugendstil. Systemisch-lösungsorientierte Kreative Kinder- und Jugendlichentherapie (S. 311-344). Dortmund: Borgmann.

Juchmann, U. (2012). Achtsam@work – eine meditative Abenteuerreise im Team. Zeitschrift für systemische Therapie und Beratung 30(3), 103 -108.

Juchmann, U. (2017). Achtsam führen. Achtsamkeit als Basis von Führungskompetenz. Broschüre der Helga Breuninger Stiftung. Zu finden unter: www.achtsamkeit-juchmann/veröffentlichungen.

Juchmann, U. (2020). Achtsamkeitsbasierte Psychotherapie bei Depressionen und Ängsten. MBCT in der Praxis. Weinheim: Beltz.

Juchmann, U. (2020). Coaching für Frauen – Kompetenz fühlen und zeigen. Zeitschrift für systemische Therapie und Beratung 38 (4), 166-172.

Kabat-Zinn, J. (2013). Full catastrophe living. Using the wisdom of your body and mind to face stress, pain, and illness. (2., überarbeitete Auflage). New York: Bantam Books.

Kagge, E. (2020). Philosophie für Abenteurer. Berlin: Insel Verlag.

Kaplan, J. (2016). Das große Glück der kleinen Dinge. Wie Dankbarkeit mein Leben veränderte. Reinbek: Rowohlt.

Kain, K. L. & Terrell, S. J. (2020). Bindung, Regulation und Resilienz. Körperorientierte Therapie des Entwicklungstraumas. Paderborn: Junfermann.

Keeney, B. (2007). Shaking medicine. The healing power of ecstatic movement. Rochester: Destiny Books.

Klimecki, O. M., Leiberg, S., Lamm, C. & Singer, T. (2013). Functional neural plasticity and associated changes in positive affect after compassion training. Cerebral Cortex, 23(7), 1552-1561.

Kolk, S. (2016). Geh und sieh selbst. Die Buddha-Lehre auf den Punkt gebracht. (3. Edition). Uttenbühl: Jhana Verlag.

Kornfield, J. (2001). Das Tor des Erwachens. Wie Erleuchtung das tägliche Leben verändert. München: Kösel.

Kornfield, J. (2010). Die Lehren Buddhas. Ein Brevier buddhistischer Weisheit. München: Knaur.

Krasner, M. S. (2016). Teaching health care professionals. In D. McCown, D. Reibel & M. S. Micozzi (Hrsg.), Resources for teaching mindfulness. An international handbook (S. 391-407). Basel: Springer International Publishing.

Laloux, F. (2015). Reinventing Organisations. Ein Leitfaden zur Gestaltung sinnstiftender Formen der Zusammenarbeit. München: Vahlen.

Lamothe, M., McDuff, P., Pastore, Y. D., Duval, M. & Sultan, S. (2018). Developing professional caregivers' empathy and emotional competencies through mindfulness-based stress reduction (MBSR): results of two proof-of-concept studies. BMJ Open 8(1): e018421, 1-9.

Lehrhaupt, L. M. (2007). Stille in Bewegung – Tai Chi und Qi Gong. Übungen für Körper und Geist. Bielefeld: Theseus.

LeShan, L. (1974). How to meditate. A guide to self-discovery. Boston: Little, Brown.

LeShan, L. (2018). Diagnose Krebs. Wendepunkt und Neubeginn. (12. Auflage). Stuttgart: Klett-Cotta.

Levin, (2012). Sprache ohne Worte. Wie unser Körper Trauma verarbeitet und uns in die innere Balance zurückführt. (4. Auflage). München: Kösel.

Magistretti, C. M. (Hrsg.), Lindström, B. & Eriksson, M. (2019). Salutogenese kennen und verstehen. Konzept, Stellenwert, Forschung und praktische Anwendung. Göttingen: Hogrefe.

Mannschatz, M. (2007). Buddhas Anleitung zum Glücklichsein. Fünf Weisheiten, die Ihren Alltag verändern. München: Gräfe und Unzer.

Mannschatz, M. & Baur, A. (2015). Buddhas Herzmeditation. Mit Achtsamkeit zu Selbstliebe und Mitgefühl. (2. Auflage). München: Gräfe und Unzer.

Maturano, J. (2015). Mindful Leadership. Ein Weg zu achtsamer Führungskompetenz. Freiburg i. Br.: Arbor.

Mengin, A. C., Kayser, C., Tuzin, N., Perruisseau-Carrier, J., Charpiot, A., Berna, F., Lilot, M., & Vidailhet, P. (2020). Mindfulness improves otolaryngology residents' performance in a simulated bad-news consultation: a pilot study. Journal of surgical education, published online ahead of print (18.11.2020), 1-9.

Pang, A. S. (2017): Pause. Tue weniger und erreiche mehr. München: Arkana.

Paul, A. & Altner, N. (2019). Grundlagen der Mind-Body-Medizin. In G. J. Dobos & A. Paul (Hrsg.), Mind-Body-Medizin. Integrative Konzepte zur Ressourcenstärkung und Lebensstilveränderung (S. 5-13). (2., erweiterte Auflage). München: Elsevier Urban & Fischer.

Perestelo-Perez, L., Barraca, J., Peñate, W., Rivero-Santana, A. & Alvarez-Perez, Y. (2017). Mindfulness-based interventions for the treatment of depressive rumination: systematic review and meta-analysis. International Journal of Clinical and Health Psychology, 17(3), 282-295.

Purser, R.E. (2019). McMindfulness. How mindfulness became the new capitalist spirituality. London: Repeater.

Reddemann, L. (2006). Selbstfürsorge. In O. F. Kernberg, B. Dulz & J. Eckert (Hrsg.), Wir: Psychotherapeuten über sich und ihren »unmöglichen« Beruf (S. 563-569). Stuttgart: Schattauer.

Regel, Y.U. (2020). Selbstmitgefühl durch Tonglen. Leid überwinden mit der 5-Schritte-Meditation. Stuttgart: Nymphenburger.

Rost, C. & Overkamp, B. (2018). Selbsthilfe bei posttraumatischen Symptomen. Übungen für Körper, Geist und Seele. Paderborn: Junfermann.

Rövekamp-Wattendorf, J. (2020). Berufliche Belastungen bewältigen. Psychosoziale Herausforderungen in helfenden Berufen. Stuttgart: Kohlhammer.

Scharnhorst, J. (2012). Burnout. Präventionsstrategien und Handlungsoptionen für Unternehmen. Planegg: Haufe.

Schmidbauer, W. (2018). Hilflose Helfer. Über die seelische Problematik der helfenden Berufe. (21. Auflage). Reinbek: Rowohlt.

Schulz von Thun, F. (1998). Miteinander reden 3. Das »innere Team« und situationsgerechte Kommunikation. Kommunikation, Person, Situation. Rowohlt: Reinbek.

Segal Z. V., Williams J. M. G. & Teasdale J. D. (2002). Mindfulness-based cognitive therapy for depression: a new approach to preventing relapse. New York: Guilford Press.

Siegel, D. J. (2007). Das achtsame Gehirn. Freiamt: Arbor.

Singer, T. & Klimecki, O. (2014). Empathy and compassion. Current Biology, 24(18), R875-R878.

Solnit, R. (2019). Wanderlust. Eine Geschichte des Gehens. Berlin: Matthes & Seitz.

Spenst, D. (2020). Das 6-Minuten Erfolgsjournal. Hamburg: Rowohlt.
Suzuki, D. T. (2016). Zengeist Anfängergeist. Unterweisungen in Zen-Meditation. Bielefeld: Theseus.
Techniker Krankenkasse (Hrsg.), Grobe, T. G., Steinmann, S. & AQUA Institut für angewandte Qualitätsförderung und Forschung im Gesundheitswesen GmbH (2015). Depressionsatlas. Arbeitsunfähigkeit und Arzneiverordnungen. Zugriff am 09.04.2021 unter www.tk.de/resource/blob/2026640/c767f9b02cabbc503fd3cc6188bc76b4/tk-depressionsatlas-data.pdf.
Treleaven, D. (2019). Traumasensitive Achtsamkeit. Posttraumatischen Stress erkennen und mindern. Sicherheit und Stabilität vermindern. Freiburg i. Br.: Arbor.
Van Dernoot Lipsky, L. (2009) Trauma Stewardship. An everyday guide to caring für self while caring for others. Oakland: Berrett-Koehler.
Verweij, H., van Ravesteijn, H., van Hooff, M., Lagro-Janssen, A. & Speckens, A. (2018). Mindfulness-based stress reduction for residents: a randomized controlled trial. Journal of general internal medicine, 33(4), 429-436.
Wannags, S. & Pelzer, E. (2014). Zen-Gärten. Philosophie Inspiration Meditation. München: BLV.
Wengenroth, M. (2012). Therapie-Tools. Akzeptanz- und Commitmenttherapie. ACT. Weinheim, Basel. Beltz.
Wetzel, S. (2017). Aufmerksamkeit, Achtsamkeit und Erwachen – buddhistische Perspektiven. In L. Reddemann (Hrsg.), Kontexte von Achtsamkeit in der Psychotherapie (S. 42-54). (2., überarbeitete Auflage). Stuttgart: Kohlhammer.
Whitebird, R. R., Kreitzer, M., Crain, A. L., Lewis, B. A., Hanson, L. R. & Enstad, C. J. (2013). Mindfulness-based stress reduction for family caregivers: a randomized controlled trial. The Gerontologist, 53(4), 676-686.
Witek-Janusek, L., Tell, D. & Mathews, H.L. (2019). Mindfulness based stress reduction provides psychological benefit and restores immune function of women newly diagnosed with breast cancer: a randomized trial with active control. Brain, Behavior, and Immunity, 80, 358-373.
Zwack, J. & Mundle, G. (2015). Wie Ärzte gesund bleiben – Resilienz statt Burnout. (2., unveränderte Auflage). Stuttgart: Thieme.

Anhang

Die im folgenden aufgeführten Arbeitsblätter stehen zusätzlich als Kopiervorlagen online zum Download zur Verfügung.

Arbeitsblätter

- AB 1 Der Selbstfürsorgebaum
- AB 2 Die Selbstbeobachtung der Selbstfürsorge
- AB 3 Aufbau einer Meditationspraxis
- AB 4 Die Werte erkunden

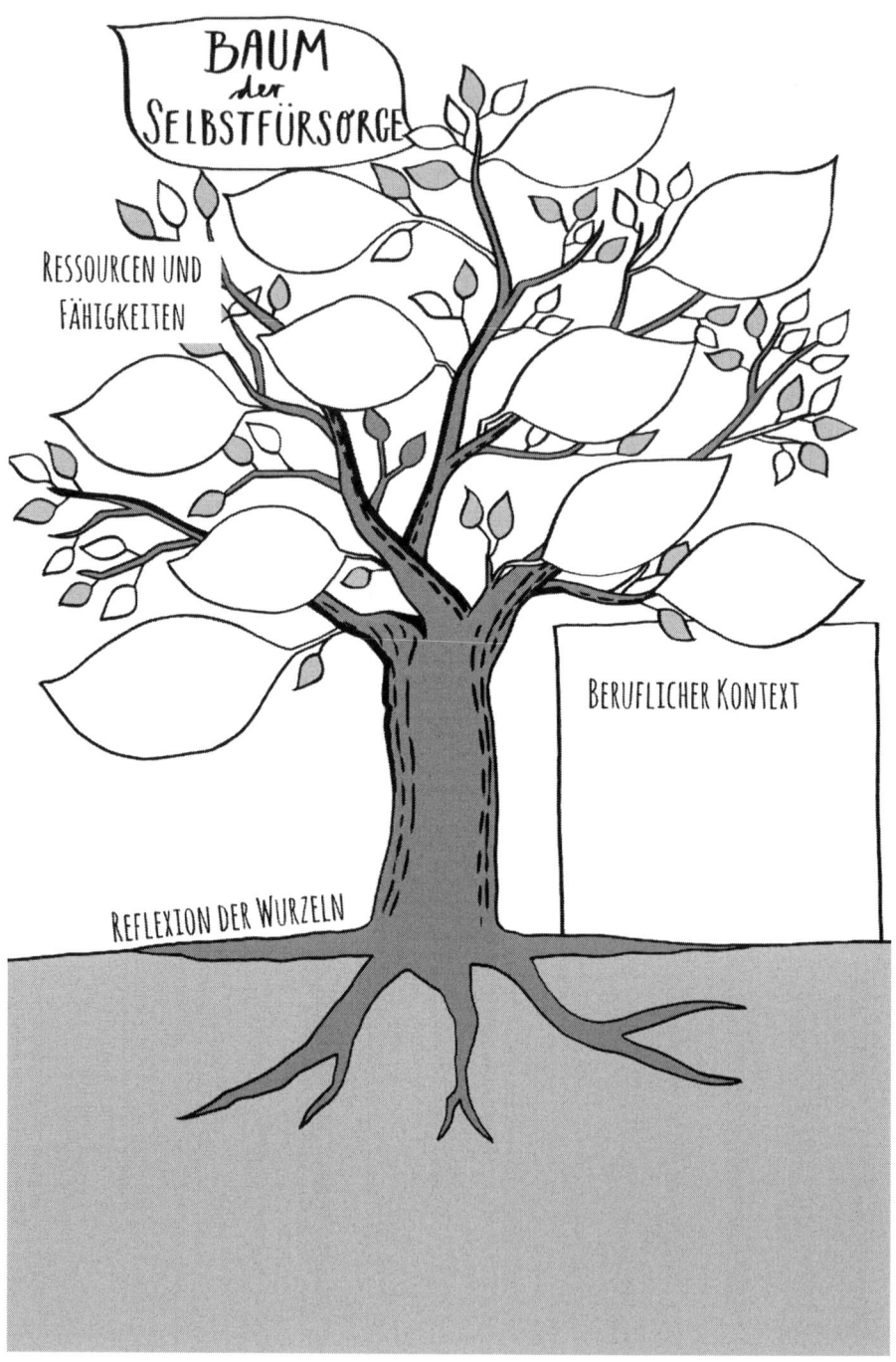

AB 1: Der Selbstfürsorgebaum

Anhang

Selbstfürsorge in den Alltag bringen

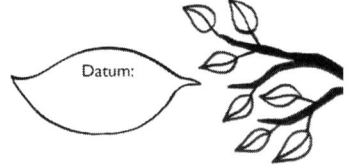

Datum:

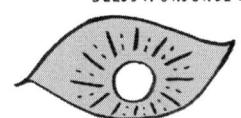

1. Worauf freue ich mich?

2. Was kann herausfordernd werden?

3. Wie und wann sorge ich gut für mich?

1. Wie bin ich mit den Herausforderungen umgegangen?

2. Wie habe ich für mich selbst gesorgt?

3. Wofür bin ich dankbar?

AB 2: Die Selbstbeobachtung der Selbstfürsorge

Der Aufbau einer Meditationspraxis

🪷 Meine Ziele

1.

2.

3

🪷 Welche Stimmen ermutigen mich zum Üben?
Wie lauten unterstützende Sätze?

🪷 Welche antreibenden und kritischen Stimmen möchte ich begrenzen?

🪷 Mit welchen Herausforderungen rechne ich und wie möchte ich ihnen begegnen?

🪷 Was und wer kann mir beim Üben helfen?

🪷 Wo übe ich und wie möchte ich mir meinen Platz einrichten?

AB 3: Aufbau einer Meditationspraxis

Der eigene Wertekompass

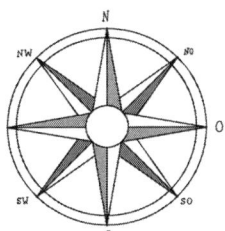

- Erstellen Sie eine Liste von wichtigen Werten. Welche Werte sind für Sie im beruflichen Bereich am wichtigsten, welche im privaten Bereich?

- Welche Werte gibt es in Ihrem beruflichen Kontext? Sind diese Werte klar formuliert und wird nach ihnen gehandelt? Teilen Sie die Werte Ihres Arbeitskontextes?

- Gibt es Wertekonflikte und wie können Sie diese ausbalancieren?

- Welche Werte möchten Sie mehr leben und wie zeigt sich das dann in Ihrem Handeln?

- Welche Konsequenzen wird es haben, wenn Sie mehr nach Ihren wohltuenden Werten leben? Woran werden Sie es merken?

AB 4: Die Werte erkunden

Stichwortverzeichnis

A

Achtsamkeit
– Definition   29
– Gesundheitsbereich   42
– Meditation   32
Akzeptanz- und Commitmenttherapie   114
Anfängergeist   47
Atem   82
Atemmeditation   84
Aufmerksamkeit   33

B

Bedürfnis   19, 23, 31, 50, 60
Beziehungserfahrungen   25, 30, 61
Body Scan   33
Burnout   21
– Prophylaxe   37

D

Dankbarkeit   51, 100, 117

E

Empathie   43
Entspannung   33

F

Fokus   33, 84
Forschung   35, 44, 84, 101
Freude   101
Freundlichkeit   99
Führung   26, 119

G

Gedanke   32
– Beobachtung   95
– negative   93
– Unruhe   55

Gefühl
– Angst   19
– Ärger   19
– Traurigkeit   24
Gefühle   31
– emotionale Ansteckung   43
– positive   101
Gesundheit   20
– Risiken   20
Gewohnheit   48, 53
– geistige   55
– Schlüsselgewohnheit   51
Glaubenssätze   26

H

heilsame Qualitäten   56
Helfen
– helfende Berufe   17, 31
– hilflose Helfer   28

I

Innehalten   33
innere Haltung   35, 36, 53, 106
inneres Team   119, 122

K

Kohärenzsinn   20
Kommunikation   39, 42, 119
Kompetenz   24, 42
Kontemplation   57
Körperwahrnehmung   31, 70
Krebserkrankung   38
Krise   18, 38, 46
Kursüberblick   66

M

MBCT   41
– Forschung   41
MBSR   35

- Forschung 37, 39
Meditation 33
- Atemmeditation 84, 86
- Definition 47
- Hindernisse 54
- Lernen 66
- Mettameditation 44
- Risiken und Nebenwirkungen 47
Meditationspraxis
- Aufbau 52
Meditationsübungen
- achtsame Bewegung 75
- Atemmeditation 86
- Body Scan 71
- Das wohlwollende Wesen 108
- Gedankenbeobachtung 95
- Gehmeditation 86
- Hörmeditation 90
- Mitgefühl mit dem Körper 106
Mettameditation 98, 118, 123
Mitgefühl 43
- Definition 43
- Mitgefühlstraining 43

O

offene Gewahrsein 33
offenes Gewahrsein 93

P

Pause 125
Persönlichkeitsanteile 61, 122
- Ego-State-Therapie 60
- inneres Team 61
psychische Erkrankung
- Sucht 40

R

Regeneration 125
Resilienz 25, 42

Retreat 9, 112

S

Selbsterforschung 32
Selbstfürsorge 21
- Baummodell 26
- Definition 23
- Reflexionsimpulse 44, 65
Selbstmitgefühl 28, 105
- Definition 28
Stress 28
Stressbewältigung 35
Sucht 40

T

Tag der Stille 112
Tinnitus 92
Trauma 127
- sekundäres 127

U

Übergang 131

V

Verbundenheit 101
Verletzlichkeit 29, 105
Verletzung
- biografische 21, 104

W

Werte 42, 50, 114
Wertschätzung 101, 117

Y

Yoga 75

Zusatzmaterial zum Download

Die Zusatzmaterialien[1] können Sie unter folgendem Link herunterladen:
https://dl.kohlhammer.de/978-3-17-039802-3

---

1 Wichtiger urheberrechtlicher Hinweis: Alle zusätzlichen Materialien, die im Download-Bereich zur Verfügung gestellt werden, sind urheberrechtlich geschützt. Ihre Verwendung ist nur zum persönlichen und nichtgewerblichen Gebrauch erlaubt. Jede Verwendung außerhalb der engen Grenzen des Urheberrechts ist ohne Zustimmung des Verlags unzulässig und strafbar. Das gilt insbesondere für Vervielfältigungen, Übersetzungen, Mikroverfilmungen und für die Einspeicherung und Verarbeitung in elektronischen Systemen.